EMPRESAS SÃO FEITAS DE GENTE

A jornada de empresários que, apesar de sua força e determinação, carregam uma sobrecarga invisível.

Adriana MENDES
SAÚDE & PERFORMANCE

Editora Anjo

EMPRESAS SÃO FEITAS DE GENTE

ADRIANA MENDES

São Paulo
Editora Anjo

Empresas são feitas de Gente
Projeto Editorial Completo / Editor: Andresa Stipp
Editor Chefe: Norberto Anjo Jr.
Capa: Editora Anjo |
Diagramação: Editora Anjo | Luh Celestty
Revisão: Cláudia Razzante

IMPRESSÃO - Grupo Editorial - EDITORA ANJO
WWW.EDITORAANJO.COM.BR

Empresas são feitas de Gente
ADRIANA MENDES
1ª edição - São Paulo
EDITORA ANJO
192 págs. - Orelhas / Tipo papel: offset branco
Categoria: Luxo
Gênero: LIDERANÇA|EMPREENDEDORISMO
ISBN 978-85-9592-101-6

ÍNDICE

Prefácio

Pastora Juliana Berto

Uma das qualidades que eu mais admiro em uma pessoa é a obediência. A capacidade que a pessoa tem de obedecer à voz do Senhor. Eu entendo que a obediência completa é aquela obediência que é imediata, assim que a pessoa recebe uma direção e sente no seu espírito um chamado, descobrindo o seu propósito. Imediatamente, ela começa a cumprir em obediência à voz do Senhor, independente de se ela está pronta ou não. Ela dá passos imediatamente na direção da obediência que o Senhor chamou.

Uma outra evidência da obediência, quando é completa, é que ela é inteira, ou seja, a pessoa não obedece parcialmente, ela obedece por completo, sem reservas, sem economizar em nada. Ela se doa por completo, entrega-se àquele projeto por completo. A outra evidência é quando a obediência começa internamente; então, temos uma obediência imediata, inteira, interna, que vem de dentro para fora. Você sente que aquela obediência começou nela, e por completo está obedecendo os seus sentimentos, sua alma, suas memórias, todas inclinadas nesse ato de obediência.

E a doutora Adriana Mendes para mim, como amiga, é uma das mulheres mais obedientes que conheço. A obediência é evidência da maturidade cristã. Se eu pudesse definir Adriana Mendes em uma frase, seria essa: ela é obediente ao Senhor. Ela tem uma capacidade de obedecer. O Senhor a chamou para um propósito e um destino profético para atingir mulheres e vidas específicas, e ela não mede esforços para alcançar esse chamado. Ela se dedica, entrega-se, e obedece radicalmente à voz do Senhor, fazendo com que sua vida seja um altar de adoração ao Senhor. Ela me constrange com sua obediência radical e entrega.

Para mim, para nossa igreja, para nossa comunidade local da qual ela faz parte, ela é um exemplo de mulher obediente e temente à voz do Senhor. Eu acredito que este livro e este material que ela produziu têm endereço certo, destino certo. Grandes coisas acontecem com pequenos projetos, que começam pequenos, como este que cabe na palma da nossa mão. Vai destravar nossa mente ao ouvir e ter mais sensibilidade em ouvir a voz do Senhor. E depois de ouvir e discernir, imediatamente, internamente e de maneira inteira, obedecer à voz do Mestre.

Uma mulher relevante, generosa, que agora compartilha conosco dicas valiosas desse coração parecido com Jesus, que ela tem!

Pastora Juliana Berto.

Introdução

Um recorte na minha jornada

Não acho que escolhi o assunto para este livro.
Acho que foi ele que me escolheu.

Tive a oportunidade e a sorte de conhecer o tema deste livro, por meio de várias manifestações, quando criança, distraída na rota da vida, menina, mulher, profissional e cercada de pouca gente. Trazer palavras em forma de esperança, e fazer com que, através do verdadeiro fenômeno de boca em boca, possamos ter carreiras e negócios radicalmente mais poderosos, expressivos por verdade e singularidade, e enxergar na prática esses sinais em forma de um padrão natural. Esse é meu mais profundo desejo.

Por algumas razões, nas pressões sutis das etapas das nossas vidas, somos obrigados a colocar máscaras profissionais. Em um sentido quase literal, vemos isso, no terno do executivo, no jaleco branco do dentista, nos uniformes das atendentes, indicando a identidade profissional e posição exigida por folhas que alinham regras de deveres ou até mesmo por oposição familiar, e junto recebemos as reivindicações que somos obrigados a realizar, vestindo o uniforme, e perdendo a oportunidade de não poder pertencer a nós mesmos.

Falar da minha verdade parece arriscado, e colocá-la dentro do meu processo de vida, por muitas vezes, parece mais ainda. Todos nós temos histórias pessoais, e muitas vezes na presença de outras pessoas ou por manuais de conduta, deixamos de lado a maior forma de expressarmos a verdade em forma de vida.

Por esse motivo, com um coração cheio de encorajamento e gratidão, tenho certeza de que esse padrão foi a maior oportunidade encontrada, que esse modo de pensar e agir não será mais suficiente para deixar de ser eu mesma. Vamos descobrir juntos aqui, as possibilidades maravilhosas para recuperarmos o nosso ser que negligenciamos e empurramos à sombra de um mundo que exige tantos padrões de alinhamento. Não precisa ser difícil, apenas natural.

Vem Ser Você!

Gente nossa de cada dia!
Procura-se vida intencional

Nascer, crescer, fazer, ter. Dar os primeiros passos, conhecer a família toda, primeira escola, primeiro dia de aula, primeiras provas, chegada das notas, festa de 15 anos, primeiro namorado, conquista de diploma, a formação de curriculum, o primeiro emprego.

Dormir, acordar, tomar banho, ir trabalhar, melhor emprego, melhor salário, dinheiro, amizade, inimizades, satisfação, insatisfação, expansão, solidão, estágio, carteira de motorista, nova casa, formação.

Auxiliar, atendente, assistente, analista, gerente, supervisora, bons resultados, pagamento de contas, assistir filmes, assistir séries, viagem em grupo, passeio em família, trocar de namorado, noivado, ansiedade, cansaço, #sextou. Tristeza, boas notícias, novo emprego, casamento, nova casa, filhos, dormir, acordar, descansar, rede social, restaurante, cinema, hobbies.

#Segundou, alegria, tristeza, entusiasmo, com presença, sem presença, empréstimo, desencontros, hospital, resfriado, reunião escola, férias, novos planos, novo ano, carro novo, beep, beep, beep, café, responder, atender, decisões, exercício físico.

Um dia, dois dias, dez dias, trinta...

Já teve a sensação de estar em uma montanha-russa no modo automático, guiado por um piloto, correndo atrás da próxima fase da vida real chamada

carreira?

A semana mal começou e já estão torcendo para que ela termine.

Onde foi que nos perdemos?

Ainda que tenhamos carreiras diferentes, no geral, todos queremos bons resultados. Eu e você sabemos que o conceito de resultados, não sendo apenas ensinado em salas de cursos de administração, antes mesmo de sermos líderes, empreendedores e empresários, nascemos, crescemos, e fazemos de tudo para alimentar essa necessidade.

Em muitos casos, essa vida robótica, sem intencionalidade, onde se precisa vender mais, faturar, encontrar pessoas comprometidas que vistam a camisa da empresa, preocupar-se com o fluxo de caixa, planilhas, folhas de pagamento, treinamentos, feedbacks, processos, pós-venda...e uma infinidade de outros aspectos que, sim, são bem importantes, são tantos os detalhes que revelam que cada fase é um tempo importante das nossas vidas.

E se você chegou até este livro, ou ele chegou até você, é porque você vive a mesma inquietação do que eu. Você quer fazer parte de um tempo de transformação, que é importante, de práticas concretas e soluções reais. E por esse motivo acho importante que você inicie a sua leitura olhando primeiramente para você, esquecendo tudo o que o padrão nos obriga a estarmos conectados todos os dias, quando vestimos puramente os nossos papéis reais.

Seja bem-vindo ao melhor negócio do mundo!

Talvez você considere precipitado ou presunçoso demais eu dizer isso desta maneira, então convido você a me acompanhar nas próximas páginas para ver claramente que essa minha afirmação pode ser aplicada não somente ao meu, mas ao seu negócio.

Acho válido esclarecer que você verá mais do que conceitos sobre gestão, boas práticas e ferramentas já comprovadas para aplicar no seu negócio, pois isso você pode encontrar em qualquer outro livro técnico, em nenhuma das minhas formações que eu como profissional, deveria estar sustentada, por etapas.

Nos próximos capítulos, você verá como age alguém que pensava que poderia fazer tudo sozinha, com características de autossuficiência sendo uma boa líder estrategista e executora, dentro de um padrão pré-estabelecido, no ecossistema corporativo rígido e com receitas prontas e padronizadas.

Ao longo do livro, traduzi um círculo virtuoso de práticas orgânicas e flexíveis para sermos quem fomos destinados a ser. Acredito no resultado como tempos necessários para se colher frutos maduros. Não é extraordinário pensar que podemos estar prestes a nos juntarmos a negócios verdadeiramente excepcionais, que já operam no estágio da sua máxima verdade.

E para compreender algo novo, é sempre bom começar com uma história, e a minha traz avanços desafiadores, afinal:

Esse livro não é apenas um livro de Administração ...

Capítulo 1

O Tempo da Descoberta

OS SINAIS do Tempo de Nascer

E aí, tudo bem com você? Como está se sentindo?

Quando faço essa pergunta para alguém, não é só formalidade, não. Mas, com certeza, sempre foi a maneira que mais me interessou em qualquer início de conversa. Para início de toda conversa, independentemente dos negócios estarem indo bem ou mal, ou do salário ser pouco ou muito, é a expressão de tudo aquilo que nós sentimos, e a total diferença que isso faz, quando expressamos isso verdadeiramente para o mundo, e o tom que damos quando tiramos o pé da cama, e como nos preparamos para o nosso dia.

Bem – Vindo à Oportunidade de SER!

Eu começo essa grande história com um relato honesto, dizendo que, apesar de não ter nascido pronta para Ser adulta, já nasci com a certeza de que seria protagonista de um Dom e Talento que já eram meus. E o que me fez escrever este livro? O desejo de traduzir uma história, ativando e colaborando para que as pessoas se encorajem a fazer negócios diferentes: Eu, você e todo o ecossistema corporativo a respirar prosperidade com profundidade.

Você já parou para pensar até onde poderíamos chegar se soubéssemos a extensão da potência da nossa natureza humana? Se olharmos para toda a nossa história, com certeza, vamos perceber quantos momentos já eram indicadores de características e habilidades reveladas. Sinais talvez tímidos, que talvez não tivessem sido considerados.

O filósofo Platão dizia que: "A maior vitória do ser humano é a conquista de si mesmo". Quem se dedicar à tarefa de progredir na estrada de evolução profissional e comportamental, sem dúvida, conseguirá sucesso e aumento de felicidade pessoal. Creio que Platão pensava nisso quando alertou para a necessidade de buscar:

"A conquista de si mesmo".

Se você é um líder nato ou precisa passar por um processo de treinamento para se tornar líder, minha missão é contar para você, através da minha jornada, como o plano inicial da minha carreira me fez chegar até aqui. Foram quase vinte anos para entender que, antes de liderar pessoas, seria necessário liderar a mim mesma.

Não faria sentido passar tanto tempo da minha existência na caminhada da rota da vida se não fosse para expressar minha verdadeira humanidade; e quão importante foi quando passei a ter o meu próprio repertório, e me dei conta de que o significado da nossa vida supera cargo, função, posição e/ou qualquer outra conotação que roube a nossa característica natural de

SER.

Respire fundo,
sinta as batidas
do seu coração;
a minha história
é um sopro para
que você resgate
a sua história.

Aqui existem batidas de
esperança,
encorajamento e
confiança.

Por que precisamos aprender a lidar com gente?

Um pouco de autobiografia

Deixe- me apresentar para você

Uma infância de classe média baixa, pai metalúrgico e mãe vendedora de eletrodomésticos. Com esforços somados pagávamos aluguel e listávamos as necessidades básicas como a prioridade para as compras do mês.

Aos 13 anos de idade, já com um olhar bem-preparado e atento, com uma maturidade fora do normal para a idade, mas ainda brincando de boneca, e com postura de gente grande que já sabia o que queria, agulhas de crochê da minha avó, e pastas de dente da casa inteira emprestadas eram literalmente usadas para manifestar uma força propulsora que fortalecia: o meu campo imaginário projetado como uma dentista, como brincadeira de criança, já afirmava para o mundo que seria essa profissional que cuidaria de dentes.

E para ser sincera, tenho poucas características marcantes, fora esse desejo de ser adulta antes do tempo, e um sonho como ponto de partida.

O comportamento de ousadia, e o apoio dos meus pais, junto a uma confiança adquirida, por ter naturalmente uma postura muito segura e obediente, *me* trouxeram as chaves para um passo grandioso nas oportunidades que a vida me daria. Um curso de auxiliar de dentista *me* trouxe a primeira oportunidade, que eu abracei com todas as forças, para ingressar no tão sonhado mundo da saúde. Vendemos os tickets de alimento do mês, para pagar os três suados boletos, que me dariam condições de criar um curriculum para buscar um trabalho na área.

O mais interessante é que eu tinha duas grandes vontades, sabia o que eu queria e o porquê eu queria, mesmo tão nova. Ajudar meus pais era a prioridade máxima, ser ajudada por eles, dando despesas diárias e mensais, não fazia parte dos meus planos. Era muito realista para o passado deles, e muito otimista para saber que as dificuldades iriam ser temporárias.

O anseio era grande, e entre ganhos e perdas, forças e fraquezas, alguma escolha deveria ser feita. E eu, com 14 anos, escolhi deixar de fazer e sentir tudo o que a adolescência iria me proporcionar nos jogos de rua, nos encontros com amigos, nas excursões de grupo e nos esportes que todo adolescente espera fazer.

A vontade estava prestes a se tornar realidade, meu curriculum estava pronto, meu curso feito, e minha vaga à minha espera. Diferente de querer um trabalho para suprir necessidades, a vida me trouxe a chance esperada, um trabalho já na área da saúde. Ingressei na maior rede de franquia da época, e o sonho de consumo de muitos, tinha chegado para mim; eu ali "marinheira de primeira viagem", mas com muito brilhos nos olhos e certa de que, naquela oportunidade, começava a minha história.

Anjos em forma de gente foram cruzando meu caminho e se tornando grandes mentores e mestres, no conhecimento e no trato para os dentes. Eu encarava tudo como presente; aprender para mim valia mais do que qualquer outra coisa. Aos 15 anos, já muito além na experiência, dei um novo grande passo, no ingresso ao colégio técnico em prótese dentária, digo grande passo, porque as batalhas financeiras eram grandes, mas a vontade era maior. Acredito que nessa fase, relembrando, aprendi realmente o sentido da palavra força, fui ativada e motivada. Desse modo, aquela garota de 13 anos com características naturais, que fazia planos estratégicos, sem saber como fazia isso, sentia na pele o que era desenhar em uma **folha em branco** uma vontade, um desejo.

A capacidade já era clara e como era grande a facilidade para tirar do papel, aos 17 anos, sem dúvidas, estava já eu com o pé na faculdade de Odontologia, cheque no banco de forma emancipada e um carro na garagem; meus pais tranquilos, pela confiança em ver que os planos eram minha máxima facilidade, o comando nessa etapa pós-formação ficou muito aparente nas minhas decisões, e aos 22 anos já tinha cinco cadeiras em atividade odontológica, com colegas trabalhando junto a mim.

A busca do conhecimento era o alimento que me conduzia.

Cursos de aperfeiçoamento, especialização, mestrado e doutorado fizeram parte das sementes que plantei pela paixão em Saúde. Aqui, nessa etapa, vejo que a vida tinha me dado muito mais do que eu tinha imaginado, hoje acredito que tudo isso estava pronto em mim, mas naquela época, mesmo sendo buscadora inconformista e otimista, não pensava que chegaria tão longe, ser dentista, empreendedora e gestora especialista em saúde.

Meu desempenho como estrategista da própria carreira era acima da média, eu era uma excelente *"Fazedora Humana"(*executora e realizadora), como dizem, uma obcecada por fazer, mesmo que todas essas funções me custasse minhas horas de folga e o tempo com a minha família. E mesmo com todo esse empenho em fazer, certo tempo, me dei conta que algo não ia tão bem, passava por um tempo de grande cansaço, fadiga, insatisfação, desaprovação das próprias execuções comuns do dia. Dois grandes tempos nessa minha fase de formação, a fase em que eu era CLT e a fase em que eu me transformei em uma executiva.

As minhas características executoras, tanto na primeira como na segunda fase, claramente me forjavam a ser uma segunda versão de mim, com características de outra pessoa. A minha primeira versão como gente não seria suficiente para gerar conexões sociais. Desse modo, existe o lado dramático nessa fase da minha história, acredito que não só meu, mas de vários outros líderes, donos de negócios, empreendedores e empresários. Como seria bom se todos nós soubéssemos lidar com outras pessoas; tenho certeza de que as nossas relações seriam bem mais fáceis. Percebo que essa necessidade fica mais evidente entre esses fazedores executores, cada um deles é líder porque, de algum modo positivo ou negativo, afeta ou influencia a vida de outras pessoas.

O ambiente organizacional onde desenvolvemos nossas carreiras e formamos nossos negócios tem muito a ver com fato de encarar uma falta de congruência entre a vida pessoal e a profissional, através de grandes disfuncionalidades, representadas pelas faltas de tempo, cansaço, falta de ânimo, desaprovação, insatisfação, brigas, separações, reflexões bem corrosivas. Uma resposta que tira qualquer líder de uma zona de segurança e de todas as constantes que quase nunca são reveladas, mas que de forma verdadeira nos coloca em uma condição muito mais frágil, que muitos jamais imaginaram ou, na verdade, jamais quiserem enfrentar.

E essa é a melhor parte para narrar, esse tempo, o meu melhor motivo, porque desde muito nova, consciente do meu chamado, narrado em verdade, onde executei e realizei, tudo o que era um desejo do meu coração, e como uma mentira, carreguei os pesos extras de um tempo de sacrifício e sobrecarga, e de uma forma um pouco mais submersa, participei e encontrei situações nas quais fui profundamente testada.

Em meio a tantas coisas boas, e as mentiras que eu e líderes contam para si mesmos, e mesmo sendo uma "fazedora" líder, cheia de conquistas e vitórias, sou um Ser humano como qualquer outra pessoa e que, mesmo não querendo demonstrar, sou tão humana quanto qualquer outra pessoa.

E a parte melhor de tudo isso é que descobri que essa história vale a pena ser compartilhada, porque aquilo que foi mentira por um tempo, tornou-se uma verdade, quando reconhecida, de forma autêntica, pela minha própria experiência. Porque jamais poderia pedir a você ou a outra pessoa, experimentar algo que não havia provado. Um toque diferenciado, um plano novo, algo nunca vivido, um susto. Como um descortinar para viver o protagonismo que citei com 13 de anos de idade. Um tempo de cuidado, um tempo de amor, um respiro, uma pausa necessária.

Era tempo de desacelerar, o corpo já não respondia. Era claro dentro de mim, sentia minha força indo embora, lentidão, lentidão, muita lentidão, achei, em princípio, que meus hormônios não iam bem, que eu poderia estar com vitaminas em baixos níveis. Mas outros indicadores me revelavam uma realidade a ser encarada. Foi pela lentidão que um processo novo reiniciou na minha vida; precisava aprender que Ser era mais importante do que fazer. Renascer para um tempo autoral e singular, reconhecer conexões vazias, aquelas que roboticamente aturamos, porque seguimos sem sentir, ou sem qualquer importância em fazer sentido.

De uma forma um tanto traumática e dolorosa descobri que tinha construído um plano de carreira em um solo arenoso. O trabalho era algo essencial, dedicava a maior parte do meu tempo a ele. Minha fé não era uma prioridade e minha família era meu segundo plano. Mas um desejo forte nasceu no meu coração para um tempo novo, um plano estratégico não desenhado na graduação. Eram sinais não vindos de fora, e sim de dentro de mim. Por isso, hoje trago aqui os sinais que estão no renascimento. Eu não conheço a sua história, mas assim como a minha e perto daquelas que estão ao meu redor, deturpamos nossa autoimagem, por algum motivo ou por alguma necessidade. Fatores financeiros, figuras de autoridade, desaprovações, invalidações, comparações de algum modo contribuíram para pontos fracos serem colocados em patamares invertidos, nos colocando em ciclos viciosos e no padrão do mundo do *Ter* e do *Fazer.*

Como um sopro e como fonte de uma espécie de consultora de estratégias, assim, essa verdade foi tão importante para redirecionar a minha caminhada.

Uma carreira alicerçada em indicadores vitais e principalmente ritmada em compassos ideais para esse sopro extraordinário que se chama vida.

A especialista *Fazedora* Humana

Se você não foi
incomodado pela dor
do FAZER,
prepare-se:
você vai SER!

A maratona de uma especialista

Um DNA absolutamente *fazedor*, e uma garota intensa em investir no conhecimento técnicas e estratégias voltadas à inteligência dos diferentes negócios que tive a oportunidade de vivenciar. Quantos donos de empresas você conhece que lutam com paralisias, bloqueios, frustrações, decepções, medos, excessos em existências com aquilo que não existe.

Quantas pessoas que em suas carreiras não querem estar em meio aos pares de trabalho, compartilhando e celebrando vitórias, porque já foram feridos ou porque não conseguem sentir graça no ambiente. Assim como eu, você pode estar amassando frutos, por falta de discernimento, pode estar vivendo um tempo pilotado pelo padrão do mundo, improdutivo e sem vida.

Rasgar o coração não parece algo tão confortável, mas trago esse reconhecimento como minha maior prática, digo que é uma prática natural, barata e de graça: minha vulnerabilidade. Tememos estar vulneráveis, por vergonha ou por rejeição, mas hoje como me orgulho de ser o fruto da minha história, de dor, de exaustão, de solidão, de rompimento, com erros e acertos, enxergo cada passo como uma grande lição. Lapidada e forjada para os planos de desenvolvimento como ponto máximo da minha humanidade.

Se você acabou de se formar ou não se formou ainda ou, até mesmo, já tem seu negócio há alguns anos e está lendo este livro, eu de verdade respiro aliviada, porque vamos dividir inquietações que podem ser iguais para o nosso renascimento. Porque essas inquietações não começam quando temos um negócio, mas quando decidimos ser quem somos. Desejamos que todos os nossos planos de carreira se realizem, mas vejo que, quando há um desequilíbrio na vida pessoal e familiar, existe um grande desafio. Agora, deixe-me honrar meu tempo robotizado feito em uma estrada trilhada para chegar até aqui, mas com muita consciência de que não era meu destino. Esse passado não foi o meu ponto de chegada como empreendedora.

Durante esse tempo, as sementes que eu escolhi para semear estavam sob as minhas vontades pessoais, unicamente queria fazer e realizar em plantios ilusórios e muitas vezes destrutivos. Faltei com tolerância, paciência, mansidão, valorizando o superficial e menosprezando o essencial. Um mundo cheio de influências, porém com poucas referências.

Confesso que teria tido outras atitudes se eu compreendesse que as melhores e mais desafiadoras missões estariam escondidas em sentidos desvalorizados. Escrevo hoje lembrando que, de forma automatizada, não percebi, não valorizei o essencial. E talvez como eu, você também não foi capaz de dar conta de fazer e sentir, ao mesmo tempo, nessa jornada surpreendente. Afirmo a você, existe um grande frescor para essa reflexão, o segredo não está em entender, mas em saber que a história de conquistas de cada um inclui a verdade, não só com o mundo, mas com nós mesmos; acima de tudo, o duro, o doloroso, o inesperado e o aparentemente insuportável, inimaginável e até intolerável. Tudo inclui as perdas e aquele vazio que eu carregava, e que me fez dar um tempo. Tudo inclui os desastres, as divisões e as distrações que invadem sua paz. Tudo inclui circunstâncias que deixam você se sentindo impotente, vulnerável e instável.

Se você sentir, saberá se faz sentido.

Agora, não sei se você percebeu, mas eu iniciei este capítulo perguntando como você estava se sentindo, e se estava tudo bem. Meu objetivo, de verdade, e com sinceridade, também é convidar você para parar um pouco, sair do piloto automático e visitar mentalmente sua vida. E com verdade, responda para si mesmo: como está seu coração? Como anda sua família? Sua relação com eles? Como estão suas finanças? Está vivendo na liberdade ou na escassez? Qual ambiente existe, no seu local do seu trabalho? Ir para o trabalho é motivo de prazer ou chateação? Tem sido um líder que afeta ou influencia a vida de outras pessoas?

E ao responder todas essas perguntas, de maneira verdadeira você, com certeza, estará perto da sua consciência atual. E já lhe adianto, é uma tarefa difícil aos acelerados, para aqueles que não querem parar para análises e cálculos mais profundos, afinal, executores acham perda de tempo parar. Mas digo que, só continuar não irá recompor o vazio que já chegou – ou uma hora irá chegar. Então, deixe-me usar a minha história para mostrar essa verdade não encarada por alguns anos.

Dos 13 aos 25, conquistei um sonho que saiu do papel, *me* transformando em auxiliar de dentista, protética dentária, cirurgiã-dentista, especialista, mestre, doutora, com despesas mantidas por mim, carro na garagem e a viagem dos sonhos. No meio de tudo isso, posso afirmar para você, hoje, que minha potência era como *executora*.

A minha capacidade estratégica sempre foi muito boa, sempre me direcionei muito bem; e com características dominantes e de comando, tinha facilidade de apresentar o plano, mas eu acabava, muitas vezes, diminuindo a capacidade de quem estava próximo a mim, pela minha incapacidade de ser assertiva e empática, com respeito ao ritmo de cada um.

Entre as mentiras que contamos na execução de uma liderança, pensamos que educação e respeito bastam para a construção de relacionamentos mais profundos e mais verdadeiros. Sem consciência, é impossível reconhecer tudo o que precisamos que seja transformado dentro de nós, literalmente, uma carreira como um barco à deriva, de um lado para o outro, pelas ondas e pelos ventos fortes, sem chegar a lugar nenhum ou chegar a um destino indesejável, e esse lugar pode ser a insatisfação na escolha da carreira, na escolha do local de trabalho, na escolha do negócio, na escolha dos parceiros que vão representar sua marca, uma falência, a solidão de não ter um cônjuge ou até mesmo um divórcio.

E novamente a verdade, de não manter um estado de consciência da vida e da maneira como a estamos levando, através das escolhas e, como consequências, seguindo com uma espécie de cegueira, repetindo histórias sem significados, sem estado de presença, desconstruindo a vida à nossa volta, a começar por nós mesmos, e das pessoas que mais amamos. Posso, de verdade e com sinceridade novamente, falar com autoridade dessa dor, pois minha carreira durante um bom tempo sobrecarregou o meu barco, me colocou à deriva.

Durante anos, o piloto automático me fez ignorar chamados laterais, não parava para balancear o barco, havia justificativa para seguir fazendo apenas motivada pela dor do medo de fracassar, quando pensei que não poderia ser quem eu queria ser.

Então eu quero, debaixo dessa dor, dizer a você, líder da sua vida, que não existe transformação sem consciência.

Tudo o que se tornou disfuncional é necessário acessar e reconhecer em cada área da nossa vida; é necessário mudar os comportamentos e acessar a visão real, única e amorosa para cada um de nós, nessa vida.

O meu grande desafio na caminhada profissional foi reconhecer que independentemente da minha profissão escolhida e do local a ser desempenhada a minha função, o melhor negócio do mundo teria que

SER eu mesma

(Repita isso para você)

O segredo do iceberg à vista!

O barco estava cheio, balançando de um lado para o outro, cheio de disfunção. Em toda a navegação, os comandantes de um navio que navegam pelo mar temem os grandes blocos de gelo, conhecidos como icebergs.

No entanto, sabemos que o maior perigo não está na parte visível do iceberg, mas na parte submersa, que é dezena de vezes maior que a parte visível. Sob alerta, o aviso chega: **"Iceberg à vista",** imediatamente, o comandante envia ordem aos navegadores para que tomem outra rota, desviando-se do perigo.

Nós fomos criados e preparados em uma sociedade, muitas vezes, com menosprezo ao nosso iceberg; uma sociedade dos nossos pais, criados para viverem na sociedade dos nossos avós. O que quero dizer é que estamos em um ciclo de repetição de padrões que nos impede de enxergar o nosso SER com nitidez.

É como um nevoeiro, em uma estrada que nos impede de ir devagar, enxergando apenas o que as luzes dos faróis podem iluminar, manter a atenção focada com as duas mãos no volante, pouca visibilidade, por um longo período de tempo, nos deixa tensos e muito cansados e, quando você para o carro, parece que estava carregando-o nas costas.

Reproduzir durante muito tempo um padrão que não é o seu, que não expressa sua personalidade, que inibe as suas características que a fazem única, faz com que as dores do FAZER dominem o nevoeiro de forma exclusiva.

O colapso no modelo Eu Sou

Quem é você nesse nevoeiro? Em qual padrão você teve que se encaixar?

Acredito que essa pergunta, abafada pelo mundo, deveria ser a primeira a ser feita como ponto de partida de qualquer ação que permita alcançar novos resultados nos altares da nossa vida, como: espiritual, familiar, social e principalmente na tomada de decisão de nossa carreira.

Se viéssemos a este mundo com um manual de fábrica na afinidade pessoal e profissional, com certeza, teríamos outro viés do mundo.

Mas como não nascemos com essa informação, é importante a maneira pela qual eu divido os processos dessa organização humana nessa compreensão de nós mesmos e de todos aqueles que estão ao nosso lado sem querer determinar certo ou errado, mas estreitando as reflexões dessas marcas que foram induzidas no nosso SER.

A busca do caminho que pudesse apagar as marcas que nos tornam seres humanos únicos para encontrar o caminho de quem somos de verdade trouxe na minha história um caminho trilhado como *fazedora humana*, com objetivos de conquistas materiais, e objetivos distantes dos pessoais. Eu esqueci por um bom período quem eu era; não diferente foi para mim o caminho trilhado e imposto pela sociedade como a "rota reta" prevista: nascer, brincar, entrar na escola, entrar na faculdade, arrumar um emprego, crescer na empresa, casar, comprar um carro, uma casa, ter filhos, se aposentar, e partir dessa vida em um modo natural e automático.

E, para piorar, ficamos destreinados, com incapacidade de perceber e, principalmente, de sentirmos os movimentos que se tornam tão artificiais e distraídos. O resultado não poderia ser diferente, surgem os desafios e buscamos a fórmula pronta e como nem sempre encontramos, ficamos paralisados e bloqueados. E, talvez, a pior consequência de seguir em **rota reta** seja descobrir que, mesmo parecendo um sucesso para os demais, podemos nos sentir um fracasso, porque não temos clareza se queremos seguir em frente.

Tenho certeza de que merecemos como seres humanos, ter uma perspectiva completa, interna e externa, que expresse nossa gratidão, nossa satisfação, nossa verdade, em forma de felicidade.

Quando eu estava na minha melhor fase corporativa, crescendo o meu negócio, com todos os efeitos doloridos de uma empreendedora, havia uma incapacidade de falar sobre minha vida emocional. O que descobri é que não tinha sequer o vocabulário necessário para descrever o que eu sentia com precisão, e vejo – e já via naquele momento – que as pessoas demonstram dificuldades para encontrarem uma palavra que possa exprimir seus sentimentos. Em geral, dão voltas, se enrolam e depois usam palavras automáticas de expressão comuns a que todos nós recorremos: estou bem, caminhando, seguindo, estou ok...

Não vou me colocar na condição de psicóloga que não sou, mas me colocar na condição de um Ser humano, dedicada ao bem-estar emocional, e isso fará todo sentido para conduzir aqui as táticas de uma empreendedora.

Gostaria, em muitos momentos da minha vida, que tivesse sido perguntado como eu me sentia. Claro, com o desejo sincero de saber a resposta, e também com a coragem de fazer algo em relação ao que eu revelaria.

Em muitos momentos, eu me sentia com medo, intimidada e isolada.

Nossa! Alguns momentos marcantes!

Quando eu estava na escola, *me* lembro dos apelidos, bastava olhar para mim para perceber que algo estava errado. Eu não me relacionava com toda facilidade; desenvolvi uma dermatite generalizada que deixou, durante a minha infância e adolescência, marcas pelo corpo, com medo da exposição.

Meus pais me amavam e se importavam comigo, eu sabia disso. E dentro de suas possibilidades conscientes fizeram tudo o que era possível. Passava, em alguns momentos, sozinha no quarto, chorando angustiada, com o *bullying* que na época era ter apelidos, sofria em silêncio na escola. Minha principal reação era de reclusão e silêncio.

Algumas dessas leves pinceladas na minha emoção, já que falei tanto sobre mim, podem soar familiares para você. Ao longo da minha carreira, tenho encontrado muitas pessoas com infância parecidas com a minha, aliás, a melhor palavra aqui, tenho percebido, porque histórias quase não são contadas, só ficamos sabendo da maioria quando um evento ruim acontece ou algo muito bom, assim, não faz parte de uma prática natural, lembrar, honrar, exaltar em forma de um conto que ressalte a nossa identidade.

Chegamos onde eu queria: **IDENTIDADE. Volto à pergunta acima:**

Quem é você ?

Algo que hoje, em um nível maior de entendimento e de consciência, consigo ter a coragem de perceber sentimentos invisíveis, desconhecidos ou desconsiderados anteriormente, tanto comigo ou com aqueles que estavam ao meu redor, hoje me traz grande felicidade em percebê-los. Não existem duas histórias idênticas e isso é o que mais me chama a atenção. Escuto relatos de abuso, de agressão, histórias de sufoco e reações também das mais diversas.

Um divisor de águas na minha vida, que virou o tema das minhas principais palestras:

"Não é sobre dente, é sobre gente"

Uma verdade que trouxe significado ao meu coração e deu um laço na minha carreira: ter a oportunidade de desbloquear um passado bloqueado na insensibilidade e no modo de ver a vida como tempo de sobrevivência.

Sabe aquelas pessoas que chegam à sua vida em forma de anjo, *me* lembro exatamente de uma. Seu nome era Zaira. Tia Zaira, na verdade.

Era supervisora da companhia de Saúde em que trabalhava, uma mulher fora da curva no sentido singular, muito diferente de adultos e colegas de trabalho que eu tinha conhecido.

Ela tinha como projeto criar um curriculum que incentivasse os candidatos a expressarem o que sentiam. Ela acreditava que esse era o elo perdido na educação das relações, acreditava na habilidade emocional, na melhoria de aprendizado e na vida pessoal de tomada de decisão de cada um. Eu tive a honra de participar do projeto. Datilografando as anotações, *me* deparei com termos, como: desespero, compromisso, pressão, dor, euforia, raiva, e me reconheci muitas vezes em alguns deles.

Em um dia normal de trabalho, ela me perguntou se poderia aplicar dois testes: um de comportamento e outro de QI. Acontece que eu era um pouco mais além do que os meus boletins expressavam. Acho também que, com a percepção dela, já desconfiava que eu estava de uma maneira vivendo com excessos, pela expressão da "mão na massa" a todo momento (como um motor ligado). Isso, com certeza, levou-a a me fazer a pergunta que eu ainda nunca tinha ouvido:

"Adriana, como você está se sentindo?"

Com essas palavras, uma represa dentro de mim se rompeu e foi liberada uma torrente de emoções. Todas as coisas terríveis que eu vivenciava na época e todos os sentimentos que tive em respostas a essas experiências, tudo veio à tona num turbilhão.

Essa pergunta breve foi o que bastou para despertar uma essência perdida, depois de alguns anos já na estrada como a *fazedora humana*, porque não foi apenas sobre a pergunta, mas foi como ela fez a pergunta.

Ela realmente queria ouvir a resposta, sem me julgar pelo que eu sentia, ouviu com receptividade e empatia o que eu estava expressando. Não tentou me interpretar, nem me explicar. Eu me abri de verdade naquele dia.

"A opressão de não poder colocar roupas que mostrassem meu corpo, devido à quantidade de manchas e, por isso, não ter amigos. Eu estava bloqueada em falar e assustada por muitas ações"... lamentei, aos prantos.

Ela só ouviu, escutou minhas palavras. Em nenhum momento se concentrou no meu comportamento externo, retraída, envergonhada e desmotivada. Em vez disso, sentiu que todo aquele excesso de fazer, tinha algo mais significativo, que ninguém, nem eu mesma, sabia. Hoje falo sobre essa etapa, e vejo como levei essa repressão, acreditando que foi o medo de fracassar, além de acreditar também que só teria valor se eu fizesse tudo e muito bem-feito.

E antes que me pergunte, porque estou considerando fazer algo tão ruim assim, quero dizer que a *fazedora* só fez, a escolha e o motivo estavam errados, e aqui está o segredo, quando fazemos as coisas pelo motivo errado, construímos uma vida com uma fundação sustentada em areia movediça. Uma hora ela vai ruir e podemos perder tudo. Quando nossa motivação não é a verdade sobre nossa identidade, nossa essência é adulterada. E isso inclui pesos extras no barco, mentiras, manipulações, paralisações, bloqueios e outros comportamentos desprezíveis.

Quando
apreendemos a
nos conectar com
nós mesmos,
partindo das
habilidades
socioemocionais,
compreendemos
o porquê da nossa
caminhada.

Aqui, uma ferramenta natural e simples havia sido utilizada, cada um de nós tem uma mina de ouro escondida dentro de si...

Ela me deu permissão para sentir!

Considerando tudo isso, de forma rasa e profunda, não me surpreendo que eu não tinha mais permissão para seguir minha carreira; eu comigo mesma, e todos aqueles que estão comigo, percorrendo para tratar de gente e dente, sem ouvir a expressão dos meus sentimentos!

Tornaram-se a minha principal paixão – e os dados mais importantes de toda a minha ficha de diagnóstico – as pesquisas sobre emoção e habilidades emocionais.

Foi assim também com a Roberta.

Muitos traumas a impediam de expor sua vontade de ser protagonista, de falar em público, de gravar vídeos e até de dirigir um carro. Ela é uma médica incrível, com uma energia que agrega.

Mas o peso da responsabilidade assumida por ela nos negócios da família, trouxe medo, que bloqueou sua criatividade e atrofiou sua espontaneidade. As palestras que antes eram prazerosas, passaram a desencadear crises de pânico.

Em nossa imersão, Roberta entendeu que estava sendo dominada por padrões que não haviam sido escolhidos por ela e foi ali que criou uma âncora positiva.
Criamos um movimento da mente – do coração na permissão de sentir – na decisão de escolher o que ela queria – com o primeiro passo rumo ao que gostaria de SER. Ela subiu em um palco com as mãos suadas e pernas trêmulas e pela primeira vez em anos, venceu o duelo contra sua mente.

Lembra também que eu falei sobre como o corpo fala? Sim, o meu falou, me trouxe como manifestação de algo que não ia bem (as manchas por todo o corpo) em forma de cicatrizes, e levou embora quando decidi ficar bem. Aquelas marcas no meu corpo, que me fizeram ser retraída na infância, porque tive que me encaixar no padrão do mundo, foram curadas quando eu tive a oportunidade de decidir, encarar aquilo que não me fazia bem.

E sabe qual foi o resultado? Os diagnósticos dados pelos médicos, de que não tinha cura, foram contrariados. Minha condição curou-se sim, naturalmente.

Não se encaixar nos padrões do mundo nos mostra o quanto podemos potencializar as nossas peculiaridades e as características que nos tornam únicos, o quão diferentes podemos ser. Cheiro de missão no ar, estaremos próximos senão à frente, faremos aquilo que acreditamos de verdade, e não o que esperam que a gente faça. As tomadas de decisão passam a ser muito mais fáceis, somente devemos seguir em frente, sem parar para nos culpar a todo momento, porque podemos sim, pensar de maneiras diferentes.

Isso significa algo para você? Isso faz você se sentir pensativo? Motivado? Isso o compele a se livrar de tudo que o impede de concentrar o seu foco, no desenvolvimento do seu potencial?

Posso dizer que assim cheguei em um outro tempo, em um outro modo, e assim como eu, talvez você tenha que fazer esforço, mas o melhor de tudo é que se continuar focado no que deseja, no final irá achar outra pessoa dentro de você. Digo que você será o seu melhor negócio no mundo.

Quero adiantar que a riqueza será encontrada, junto a todas as possibilidades de desfrutar os benefícios de viver uma vida totalmente realizada.

E como líder, após essa descoberta, o processo, necessariamente, não levará muito tempo, mas é preciso se comprometer a aprender que será sobre você e depois sobre o outro. Uma vida cheia de bons negócios, ou melhor dizendo, cheia de pessoas e assim como para mim, você provavelmente queira que deixem de ser distantes e se tornem mais íntimos, que deixem de ser disfuncionais e se tornem mais funcionais, que deixem de ser mais competitivos e sejam mais colaborativos. Vejo por toda a volta e me lembro de tantos casos como esse: em uma das rodadas de negócios Paulo se apresentou com as dores do FAZER, sem que soubesse claramente que estaria pagando já o preço da falta de significado nas suas tomadas de decisão.

Tinha uma linda clínica de estética e saúde, muito bem-sucedida financeiramente. Seu desafio maior era de gerir colaboradores, além de lidar com alguns processos trabalhistas do passado, de outro negócio. A maior dor estava em conduzir uma linha de atendimento impecável, mas não conseguia sustentar um grande índice de rotatividade, sua operação era de complexidade de execução nos equipamentos de alto valor, com a necessidade de ter na sua equipe mão de obra técnica especializada, o que não era uma realidade fácil no ramo de atividade. Passava por constantes fiscalizações, e por não ter uma equipe pronta para uma operação exemplar, ficava refém do horário, deixando a família em segundo plano.

Os obstáculos não eram poucos, como padronizar o atendimento, confiar na padronização e corresponder às normas da fiscalização, retendo e fidelizando os colaboradores, além de organizar a frustração de ter que pagar uma indenização, por um desacordo no passado com uma colaboradora que se colocou na condição de lesada da história. Toda aquela angústia foi se acumulando, dia após dia. Um dia ele desabafou:

“Estou vendendo a clínica. Vou morar na praia e construir uma sala só para atender meus clientes".

Nada difícil para mim, pela experiência também vivida, identificar os sinais de esgotamento, e o que acontece com muitos donos de negócios, através da síndrome de Burnout, que também se transfere a colaboradores, conhecida como a Síndrome do desgaste profissional que, se não tratada com os devidos cuidados, pode levar a um quadro de depressão profunda.

Diante daquela situação, em que tomaria uma decisão muito drástica, acometida por um momento de transtorno, fiz a pergunta: “Tem alguma chance de daqui a um ano você se arrepender”?

Pense sobre isso!

Uma semana depois, ele havia pensado melhor e decidido colocar a clínica em recesso, tirar um tempo de férias para se reaproximar de si e entender qual rumo precisava seguir para recuperar o brilho no olhar, que há muito tempo tinha perdido.

Em meio à minha trajetória, vi muitos desistirem, são tantos os casos nos quais me deparo com o peso e o sacrifício, que são mascarados por resultados em curto prazo, ou até mesmo em longo prazo, mas com a destruição de outros âmbitos que, mesmo que de forma indireta, deixam grandes marcas, rompendo relações pelo meio do caminho, então, continuo dizendo que o que vem pela frente é fruto não daquilo que hoje ensino, mas de tudo aquilo que me gera grande esforço e dedicação e certamente minha vida só melhorou por causa disso.

Ser Crescer Fazer Ter

Então, sendo a mais sincera: não existe receita, passos, etapas, fluxos, ciclos e diretrizes aqui, porque aquilo que deu certo para mim, pode não ter o mesmo efeito para você, porque tudo pode ser modificado ou transformado, mas quero lhe dizer que aqui existe uma história viva, com um impacto gerado na vida de outras pessoas, com relacionamentos mais fortes, mais felizes, mais duradouros e com menos conflitos desnecessários. Então, muito mais do que falarmos sobre um conjunto de habilidades e competências, trata-se de uma forma diferente de reconhecer para fazer um negócio acontecer.

Precisamos crescer!

A grandeza desse tempo: Sementes do nascer

Nascemos acreditando que nossa personalidade, nossos comportamentos e nossas consequentes tomadas de decisão serão o divisor de água nas nossas vidas e muitas vezes um jeito de ser e viver que vai durar para sempre. Sobretudo quando falamos de carreira, parece que colocamos um fôlego extra no tempo de força de todos os nossos projetos.

Como? De que forma as tomadas de decisões desde tão cedo, mais influenciadas pelo mundo do que qualquer outra coisa, resistirão ao trem-bala das descobertas e das respostas às nossas atitudes? *Nos* perdermos dentro de um vazio para nos encontrarmos, desconstruirmos as práticas óbvias do mundo de influências nada naturais, como: leis, referências, hierarquias, rótulos, funções, grupos, métodos e processos, desejando uma estabilidade com previsibilidade de cenários vistos e vivos, mas que não têm vida!

O cultivo intencional

Reconhecermos que a longevidade saudável como humanos é proporcional à quantidade de vezes que somos capazes de "morrer", antecipar um final do que hoje podemos fazer, para nos mantermos sempre vivos. Quanto mais cedo percebermos o vazio de uma vida sem vida, menos dolorida será a jornada.

Frutos da intencionalidade

O provocar do novo tempo, na grandeza do tempo novo. Tanto nas padronizações humanas quanto nas conquistas fazedoras: o nosso coração precisa ser ouvido!

' Queiramos ou não, apenas se fizer sentir fará sentido '

Capítulo 2

O Tempo da Descoberta

OS SINAIS do Tempo de Crescer

"Quando nasce um Ser, nasce uma missão, Não deixe o *fazer* atropelar a sua verdadeira versão"

Como chegamos até aqui!

Com essas palavras comecei a minha apresentação, quando dei o primeiro maior passo na minha carreira, palavras vieram na minha cabeça, as quais minha mãe sempre me disse: "Faça o que precisar **ser feito, mas celebre e desfrute de tudo!".** Sua mãe também, com certeza, deve ter dito isso algumas vezes.

Ela também sempre me disse: **"Seja íntegra por onde passar".**

Em 2010, ingressei em uma companhia de saúde, como uma gestora especialista da área. Fundada por um líder experiente em trincheiras globais, essa empresa hoje está ranqueada como uma das maiores franquias de Odontologia do Brasil. Uma marca que, na época, por ser pioneira, era extremamente elogiada e celebrada como a marca mais inovadora. O brilho era nítido nos meus olhos.

Um sonho se realizando tão cedo. Eu não sabia quem eu era, como contei no primeiro capítulo. Mas sabia apenas o que eu poderia fazer. Meu combustível era minha força física e minha maior habilidade era como uma *fazedora,* operando meu próprio corpo.

Então, talvez, você possa pensar que este livro narra a minha história apenas, mas tenho certeza de que falaremos sobre nós, sobre nosso posicionamento, como profissionais, empreendedores, empresários, líderes e gestores. Porque antes de ajudarmos qualquer um daqueles que estiverem ao seu lado, vai ser necessário um encontro consigo mesmo.

Eu cresci em uma cultura fora de casa onde números dominam pessoas, mas para minha sorte, dentro da minha cultura familiar, aprendi que eu deveria antes de tudo ser uma pessoa melhor.

Essa empresa que ingressei como líder em saúde, mais do que uma empresa, na época desejada pelo seu belíssimo desempenho, desenvolvia tratamentos para recuperação de pacientes que sofriam de dor crônica, além de ter todos os esforços para a prevenção de saúde. Todos os dias via os funcionários assumirem seus postos, em posições consideradas insalubres e com atuações profundas no quesito responsabilidade.

O nível de atenção era grande, era necessário ser especialista para atuar sob a pressão de não poder errar, muitas vezes, os turnos eram maiores que os estipulados e combinados, cansativos e, mesmo assim, a empresa tinha um alto nível de retenção de função e eu enxergava vida em suas respectivas entregas. Na época, a empresa passava por vários tipos de acompanhamentos e auditorias e uma delas foi a que mais me chamou a atenção em que os funcionários – assim eram chamados na época –acreditavam que eram mais do que profissionais de saúde, e que contribuíam para empresa como profissionais que salvavam vidas.

E o mais lindo de tudo, a empresa tinha um ritual anual, e longe de pensar em fazer festa de comes e bebes apenas, ela reunia pessoas dos dois lados: as que salvavam e as salvas, uma espécie de reconhecer e ser reconhecido, e claramente eu via sinais de vitalidade sobre uma entrega cheia de significados, em que pessoas, antes de funcionários e/ou colaboradores, se sentiam mais atentas e satisfeitas pelo fruto produzido por sua própria entrega.

Por que trago este case? Porque após precisar seguir as etapas da minha carreira, precisei me desligar para entrar na faculdade, e o que mais presenciei em todo tempo de formação, era a terrível preocupação na maneira de como seriam suas vidas profissionais, pensando como basicamente dois tipos de fazedores humanos:

Os que saem fazendo sem sentido **(pessoas infelizes e insatisfeitas).**

E os que fazem por sentido financeiro **(egoísmo e ambição).**

Mesmo sendo etapas de aprendizado por duas vias, posso dizer que me coloquei na primeira delas literalmente e, por esse motivo, estou prestes a dividir com vocês essa jornada, que considero a maior delas, como o sopro do meu crescimento pessoal. A formação da mentalidade empreendedora me fez desfrutar, sim, hoje desfruto, e experimento uma jornada empreendedora emocionante, repleta de sucesso, mas acima de tudo realizada como filha, mulher e profissional.

O mais surpreendente é que achamos que quando nos formamos, o diploma de graduação será a chave que vai abrir as portas desse tal sucesso, abrindo um negócio ou sendo contratado por uma empresa incrível.

Romper essa mentalidade para acessar um tempo baseado em princípios e sabedoria, me trouxe discernimento para alicerçar uma carreira, fortalecida para dias de sol; por isso, se você leu o primeiro tempo da minha história, e fez sentido para você, e se viu em um piloto automático, fazedor, sem pausas respiratórias e talvez nem sentido o gosto do alimento, pela pressa de fazer as coisas ou pelo excesso de pensamentos e atividades na sua jornada, quero lhe dizer:

"Tenha Calma!"

Não conheço pessoa alguma e acredito que em toda a humanidade que nunca tenha lidado com esse modo robótico, em algum momento da vida. Uma realidade real e dura. Você vai perceber que o símbolo que utilizo é o do sopro da vida, sinal da batida do nosso coração, aquele que administra os compassos respiratórios na presença de todo o nosso corpo. Um coração que gera frutos, porque além de não parar de bater, mantém a função vital em equilíbrio.

Se puder nesse momento parar só um minutinho, sinta os sinais vitais reais e necessários do seu coração (Isso é muito incrível).

Ser Crescer Fazer Ter

E por esse motivo, em vez de perguntar (DE NOVO!) Como está se sentindo, direi apenas que espero que esteja se sentindo cheio de coragem.

O capítulo anterior exigiu que entrássemos em um tempo de reflexão, e claramente fôssemos cutucados para olhar para dentro, buscando reconhecer um tempo de vida, frutificado por conta própria, um tempo de muito sacrifício e de muito esforço. Características marcantes de uma ativista prática, uma líder natural, obstinada e muito otimista.

Meu cérebro está sempre fervilhando de ideias, projetos e objetivos, com muita facilidade de realização. Extrovertida, mas não intensamente, com uma vida altamente produtiva, ajustada nas minhas fraquezas naturais, com traços fortíssimos de autossuficiência e impetuosa.

Não se assuste com a maneira objetiva na descrição dos meus comportamentos, é que hoje me sinto tão livre para enfrentar essa tal rota reta, em um padrão de mundo que devemos a todo tempo produzir sem sermos produtivos, conquistar sem ter conquistas e achar que isso é o normal da vida.

Os sinais vitais que represento são a mais pura expressão de vida, sobrevida e morte. Hoje, expressar comportamentos que simplesmente interromperam sinais vitais, descompassando e desequilibrando quero contar essa situação para vocês, porque essa é a melhor parte do livro.

Vem como um presente. Retratar essa abordagem dura, muitas vezes, de bombardeio, quanto ao posicionamento como profissionais, onde há muito barulho, muita competitividade, muita comparação, e através dessa descoberta compartilhar sugestões ricas, no papel de uma líder que sustenta uma atmosfera baseada em encorajamento, através do despertar de verdades humanas de conexão e prosperidade, verdades que estão começando a fazer parte do protagonismo nas universidades e no cenário corporativo: as famosas soft skills ou habilidades comportamentais, começando a pulsar na vitalidade das human skills.

Não se prenda a esse momento como parte técnica, afinal, não tenho objetivo nesse capítulo de trazer métodos, regras, políticas e muito menos passo a passo. Quero, de verdade, com muito carinho e cuidado trazer fatos da chamada crise da falta de uma identidade organizacional, porque antes de existir uma empresa, existe uma marca, e antes de existir uma marca, existe um ser humano, que carrega toda uma história...

Os diplomas foram o troféu do fazer, mas não foram suficientes para

Vem Ser

O princípio das dores

Você pode estar se perguntando: Como assim, depois de uma trajetória de formação de sucesso, você vai querer falar de dor e não de sucesso?

Pois bem, ainda preciso voltar naquele simples poderoso pensamento da minha mãe, "**O trabalho sem desfrute vai virar sacrifício**".

Temos muito a conversar:

Vejo muitas carreiras hoje, assim como presenciei lá na faculdade, mas não tinha discernimento necessário para enxergar, costumo usar um termo que provém da área da saúde, mas que traduz o efeito de sinais vitais, profissionais inseridos em ambientes e cenários com a síndrome da *desvitalidade*. Caminham até um determinado tempo, alcançando conquistas interessantes, mas um vazio, um entrave, uma espécie de estaca zero surge no meio do caminho. Uma resposta à falta de desconexão da execução com a realização. Uma identidade construída de forma disfuncional, refletindo a falta de vitalidade em relação a uma carreira com significado ao propósito que fomos criados.

Para lhe explicar melhor, a nossa vida só se torna plena quando conhecemos quem somos, e minha história é exemplo vivo disso. Todo esse roteiro em piloto automático que eu trouxe à medida em que vamos amadurecendo com o tempo e com o aprendizado. Observe que uma coisa é certa: quando você olha para o seu passado, suas raízes, sua origem, muito de quem você é começa a surgir bem diante dos seus olhos. *Fazedores humanos* prontos a reconhecerem comportamentos e modos de pensar para enxergar as suas reais potenciais, bem como suas fragilidades. Contudo, a grande virada, de um novo tempo, dentro do autoconhecimento, é justamente lhe mostrar que tudo aquilo que, dentro da sua história, estiver limitando você e o impedindo de evoluir pode ser transformado a partir de suas escolhas e novas atitudes.

Minha mãe, como relatei no primeiro capítulo, não teve como sua maior facilidade me ensinar teorias mirabolantes de comportamento, muito menos a identificar várias vezes aquilo que eu estava sentindo, mas uma coisa é certa, sabiamente me entregou uma visão da chave de sucesso:

"Desfrute, celebre e contemple aquilo que você é". Essa foi a maior fonte inspiradora e incentivadora.

Ela, por sua história, não conhecia a rota, não sabia me dizer, vai por ali, mas sabia junto ao meu pai me dizer como ir. Hoje, tenho certeza que uma das maiores dificuldades do ser humano é entender o tempo e a cadência certa para cada etapa de sua vida. Calcular errado, ou deixar de calcular os trechos da nossa jornada, pode nos colocar em uma situação de perigo. Vamos analisar três considerações aqui:

Primeiro: Como passar anos e a maior parte de nossas vidas, sem clareza e sem entendimento de que, como seres únicos, seremos agentes de transformação na vida de outras pessoas. **Segundo:** como achar o equilíbrio em não sermos apenas cobradores e sim geradores e **Terceiro:** como servir e sermos servidos.

Quando iniciamos o nosso processo de carreira, não temos a rota indicativa, não sabemos ao certo como seguir, em qual velocidade e quais trechos devemos analisar como está nosso percurso e, muitas vezes, sem análise, podemos perder o controle ou podemos até perder novas oportunidades. O clima, o trânsito, os obstáculos, os acidentes e todos os riscos inerentes a uma trajetória, farão parte da vida de qualquer carreira. Longe de ter uma fórmula mágica para os reflexos percebidos acima, gostaria de dizer, como tenho prazer de falar de trabalho. E pode parecer surpreendente, mas acho que existem grandes motivos para se ter esperança. E pode parecer surpreendente, mas acho que existem grandes motivos para se ter esperança.

Primeiro: Viver é muito mais do que sobreviver.

Não importa a posição que você ocupe na sua empresa, no seu negócio ou na sua carreira, e o quanto *fazedor humano* você possa estar sendo, mas importa a sua vontade de reconhecer para começar a desfrutar uma vida leve.

Se você está aqui, é porque busca, de alguma forma, entender sobre o poder de uma identidade organizada. E tenho o prazer em lhe dizer que me coloquei nessas três considerações acima para me encontrar nesse tempo. A boa notícia é que tenho a certeza de que o poder e o controle estão sendo reformulados, os contracheques não serão mais efetivos para serem usados para colaborar com a decisão de escolha de profissão, de cargos, mas a paixão, o talento, o significado, a disposição de um ser humano serão entregues apenas voluntariamente. As maiores dores do mundo serão resolvidas por voluntários libertos e apaixonados.

Segundo: Lembre-se: qualquer posicionamento de liderança é uma escolha e não uma posição.

Esse modelo eu conheci de perto, mas afirmo que não foi minha graduação e especializações que me ensinaram, deixa eu deixar bem claro que tive honrosos mestres por onde passei, mas com prioridades principais técnicas. Eu conheci algo mais natural, mais simples, mais leve. Um plano de negócio que exalava o amor, a paz, a longanimidade, a benignidade, a bondade, a fidelidade, a mansidão, o domínio próprio e a celebração junto ao próximo, estava ali a expressão de uma máxima humanidade.

Terceiro: Relacionamentos são vias de mão dupla.

O caminho certo depende de nós, e de todos que estarão ao nosso lado. O que a pessoa quer? Qual o limite dela? Longe de ser restritiva, mas isso é libertador. Apesar de não termos garantia de que sempre vamos fazer as conexões que desejamos, é possível aprender com nossas tentativas, então:

Mude a direção!

Esse posicionamento irá sintonizar nosso caminho, e essa sintonia se trata de algo pessoal. É preciso olhar para dentro, é preciso olhar para fora, e ao prestar a atenção aos dois lados, será mais fácil nos abrirmos para comportamentos adequados para qualquer situação e com a certeza de suprir as necessidades dos dois lados. E foi essa sintonia que me colocou no maior e mais profundo ensinamento do meu tempo de carreira.

Esses ensinamentos vindos dessa mulher inspiradora, minha mãe, e todo movimento ensinado, não foram suficientes para que em 2015 pudesse evitar que ela fosse vítima de um câncer de mama. Iniciava-se uma batalha travada em toxicidade, acidez e abrasividade em um ambiente com poucas regras, normas e padrões.

O câncer não era e não é uma jornada solitária e todos que estão próximos acabam adoecendo um pouco também, nós, lá em casa, acompanhamos a ela também durante o tratamento, e algo mudou em todos.

Era chegada a hora de olhar profundamente para todos os lados, de uma forma muito diferente.

Um check-up necessário

Durante o tratamento da minha mãe, para poder ajudar o máximo possível, li muito sobre a doença e como ter um organismo menos inflamado, através de uma alimentação mais equilibrada. Anticâncer e Oncologia Integrativa foram dois livros que me marcaram muito.

Percebi, então, que assim como alimentos nocivos ao nosso organismo, que obrigam nossas defesas a agirem para equilibrar as coisas lá dentro, as empresas funcionam do mesmo jeito. Ao invés dos alimentos, são os comportamentos nocivos que constroem ambientes tóxicos e desequilibrados.

Quando nosso organismo está brigando contra algo que não nos faz bem, isso pode comprometer a nossa imunidade e fazer com que fiquemos frágeis e à mercê de algumas doenças. Nas empresas é muito parecido, quanto mais houver pessoas praticando comportamentos tóxicos, maior será a inflamação do plantio organizacional. E isso me fez entender que independentemente do produto ou serviço, empresa grande ou pequena, contato direto ou indireto com os donos das empresas, a intenção que deve estar plantada como raiz, como alicerce, como a referência do sopro de vida, será o indicador de vitalidade e saúde. A fundação desse plantio, será o suporte de força a ventos e tempestades, a vitórias e conquistas.

Olhar para essa fundação, **assim como olhar para dentro da gente**, determinará os sinais vitais dos frutos que estamos gerando.

- **Com quantos anos você começou a trabalhar?**
- ***Se* lembra dos incentivos que teve?**
- ***Se* lembra das pessoas que foram seus pares?**
- ***Se* lembra do que fazia com o seu pagamento?**
- ***Se* lembra do que sentia, quando pensava em trabalho?**

Não sei qual a sua história, quais são os seus sonhos, mas espero que as perguntas abaixo possam lhe ajudar a nortear os tempos do seu plantio para um bom um despertar, amparado por um bom diagnóstico...

Pare nesse momento e olhe para sua carreira ou para a sua empresa:

A origem que ateste os sinais de vitalidade:

- **Que ambiente existe lá?**
- **Ir para esse ambiente lhe traz angústia ou felicidade?**
- **Motivo de prazer ou satisfação?**
- **Quando seu dia de trabalho termina, como você se sente?**

Nos últimos anos, conheci pessoas e ambientes cheios de desmotivações, pessoas que se levantam tristes para trabalhar e ficavam contando os dias para as férias. Como vários robôs que não veem a hora de terminarem as horas pagas, para começarem as horas vagas, para fazerem as coisas que realmente lhe trazem alegria.

Aquele uniforme que rouba tudo que aquilo que as pessoas sentem. Profissionais que se orgulham em dizer que estão há anos sem tirar férias, ou que não vão ter filhos, porque o tempo de trabalho não permite, que há muito tempo não sabem o que é um almoço em família. O modo sobrevivência ativado, sem brilho nos olhos, sem saúde mental, porque o trabalho não significa nada, além do modo sobrevivência. E mesmo com toda a dedicação de tempo, de horas e de prioridade, o trabalho vira uma espécie de cruz para se carregar, uma espécie de castigo.

Mas a boa notícia é que essa verdade, que gera frustração, está começando a mudar, e líderes como eu e você, estão despertando e não mais sendo vítimas desse contexto. Uma espécie de transição de carreira, profissionais despertando para serem o que realmente são, e para fazerem o que realmente amam. Uma inversão clara de posicionamento, uma mudança de direção. É um movimento constante e perene nessa jornada de crescimento, existem grandes motivos para se ter esperança de que haverá uma espécie de racionalidade intencional.

Falar da realidade entre **gestão e gente**, **gente e gestão**, como se fossem apenas palavras colocadas em ordens diferentes, nos coloca na possibilidade de experimentarmos uma expectativa que só pode ser gerada quando observamos o desequilíbrio no ambiente corporativo. E é acompanhando de perto, medindo e controlando a toxicidade e a abrasividade que vamos nos movimentar para deixá-lo mais equilibrado e mais vibrante possível. Assim, além de ser bom para o dono, investidor, empresário e sócios, vai ser bom para quem trabalha em ambientes estimulantes, impactando diretamente nos clientes.

Depois de ter encontrado em uma grande dor a maior oportunidade de sentir na pele, não faria mais sentido estar sob uma crise, passar pelo processo de entender e depois aceitar com clareza até que ponto estamos sendo repuxados contra o nosso **SER**.

Se você está desmotivado, frustrado, ansioso, provavelmente, vem sentindo que algo suga a sua energia e não tem força para olhar e ir além, os negócios estão aqui também dando sinais, muitas vezes, que não só para você. O outro lado também se sente perdido na via de mão dupla.

Romantismo revestido de dor. Será?

Agora, que pude contar um pouco mais do meu tempo robótico de ser, como uma *FAZEDORA humana*, você pode pensar que virar esse jogo está longe de acontecer, pois no mundo real o 'bicho pega' e a aí é preciso ser dura e agressiva, já que nem todos vão ter uma história como a minha. Mas lhe digo, no final das contas, com romantismo ou sem romantismo, se não houver uma causa nobre ou um significado, o modo sobrevivência com certeza estará ativado.

Encontrar ou fazer renascer a vitalidade, como um novo sopro de vida para nossa carreira e para nosso negócio será a certificação mais que necessária para o sentido. Parar de olhar para fora, para os lados e ter coragem de olhar de forma profunda para dentro de você.

Como líder, não foi possível apenas reconhecer a mudança de rota. Precisei parar de evitar o processo, para dar as primeiras pedaladas.

Entre ajudar a mudar o mundo e empreender, percebi que poderia ficar com os dois

Segura firme, porque para atingir o desfrute, vamos precisar navegar em águas mais profundas, porque reconhecer no raso, seria humanamente impossível. O especialista em gestão e cultura, Peter Drucker, entende que o comportamento empreendedor está vinculado ao ambiente cultural que a pessoa vive. Isso explicaria, em parte, porque alguns países, regiões e cidades são mais prósperos do que os outros.

O desvio da rota reta de *fazedores*, assim como foi para mim, se faz necessária como um check-up da semente, das raízes, da fundação, mas principalmente do solo em que estamos cultivando esse plantio. Um *fazedor* limita a amplitude do que se enxerga ao redor, porque como não para, dificilmente daria importância para o que eu vou dizer agora.

Começamos a pensar sobre tudo aquilo que declaramos para o tempo de crescimento dos momentos de vida e formação de carreira , quando pensamos até no nosso país de origem como abrigo da nossa profissão e dos nossos negócios, vejo uma facilidade em soprarmos um sentimento de desilusão e falta de encorajamento, mas pensem comigo, se nós não acreditarmos primeiramente na nossa terra, e ficarmos soprando os problemas e as dificuldades, dificilmente tomaremos as melhores decisões em nível de crença e confiança.

Escolhi algumas características desse solo brasileiro em especial, para uma boa reflexão e me encorajo a dizer que podemos sim, pensar em funcionalidade:

- **Somos acolhedores, simpáticos, alegres e amigáveis.**
- **Trabalhamos para viver e não vivemos para trabalhar.**
- **Somos mais coletivistas do que individualistas, *nos* preocupamos em estar em grupos.**
- **Vivemos em busca de sermos felizes e de aproveitar a vida.**

Por outro lado, temos o pior e mais difícil desafio como a alta carga tributária, o excesso de burocracias e o difícil acesso ao crédito no país, sim, mas olhar as nossas características dentro do nosso país, e reconhecer um DNA incrível e que estamos em cima de um solo abundante e próspero, é necessário, e em partes, temos excelentes motivos para ter coragem e esperança, e é nesse mergulho otimista que gostaria de conectar as histórias sobre o Ser e o Fazer, como uma profissional que não será agente de más notícias, e nem usarei da minha história para transmitir caos.

Esse posicionamento abasteceu minha mentalidade empreendedora, sem dúvida, uma intencionalidade que me trouxe cada vez mais plenitude.

Estou falando de gratidão, que nesse tempo foi a chave que me abriu portas inimagináveis.

Não vou trazer nada sistemático, mas algo orgânico e intencional.

A nova e melhor estratégia

Voltar atrás, olhar para trás, parar ações que não faziam parte das batidas do meu coração. Entender que a velocidade não era o combustível do desfrute que minha mãe sempre falava, e pela ótica humana vista como um retrocesso, mas pela perspectiva de amor e esperança, como a maior força, e a melhor rota, para resgatar a essência perdida, foi necessário começar a empreender em um caminho de volta.

A enfermidade da minha mãe trouxe dor, confusão, medo. Foi o tempo que mais me trouxe as reflexões das ordens, das prioridades, mas principalmente da escolha dos princípios que tanto eram falados e mostrados por ela. Um caminho de redescobertas, por sua vez, no mesmo caminho, mas com uma grande diferença: nele que passei a notar o que antes não havia reparado, onde já tinha passado várias vezes, refiz o mesmo, mas de maneira diferente, e talvez você não precise buscar completamente um novo caminho, mas sim a possibilidade de redescobrir os nossos próprios caminhos.

Olhe o rumo que eu tomei para refazer a rota, abasteci minha mentalidade em pensamentos e atitudes nesta ordem de prioridade:

1. Confiança
2. Ordem
3. Organização
4. Limpeza

E quero lhe fazer um convite, se você não está conseguindo olhar para uma nova direção, feche seus olhos e lembre-se do amor da sua mãe ou daquela pessoa especial que cuidou do seu coração no seu desenvolvimento. Tenho certeza de que ali era um ambiente de confiança. Use-o para você soprar a confusão, soprar o barulho e tudo aquilo que está pesando e te impedindo de voltar para enxergar qual caminho você pegou e quais atalhos utilizou para desviar do seu verdadeiro destino, aquele escolhido especialmente para você.

Desde o dia em que estabeleci essa ordem de prioridade, comecei a ver novos sinais de vida e de forma extraordinária senti uma imensa gratidão.

Utilizei alguns recursos naturais e que afirmo, são de graça. Recuperei uma necessidade extrema, perdida no meio do caminho, que se chama **CONFIANÇA**. O mundo do empreendedorismo, que é abalado com a falta dela, foi necessário começar em mim. Deixe-me explicar melhor:

1. Confiança

Podemos com certeza gerir nossa carreira ou nossa empresa de duas maneiras: a primeira, com o conhecimento humano e a segunda, sob um propósito único apoiado em princípios que só podem ser gerados por palavras de conhecimento e sabedoria. Esses princípios não aprendemos em faculdades ou em cursos de administração e de negócios, mas hoje quero lhe encorajar a seguir uma prática de impacto muito positivo no desenvolvimento da fundação da sua carreira e do seu negócio.

Eu disse fundação, antes de falar em currículo, missão, visão, valores, experiência, protocolos, regras, diretrizes e modelos descritos apenas por homens.

A palavra de Deus diz em Salmos 32.8

“Eu te instruirei e ensinarei o caminho que você deve seguir: eu aconselharei e cuidarei de você.”

“Um homem tinha uma figueira plantada em sua vinha. Foi procurar fruto nela, e não achou nenhum.”

(Lucas 13.6)

Ele diz: tudo que formos fazer, compartilharemos com Ele, porque o que estiver errado Ele consertará.

Observar estudantes que desistem dos seus cursos, colaboradores que não conseguem seguir com planos de carreira, empresas que abrem e fecham por situações financeiras. Ninguém gosta de investir tempo e dinheiro em projetos que não darão certo, por isso o mais sensato é convidar a Deus para ser o guia de tudo que empreenderá. Mudança de direção com novas atitudes, essa foi a execução necessária para resgatar vida sobre a morte de processos, sem sinal vital.

2. Ordem

Quando tomei a decisão de escolher quem seria o guia dos meus processos, precisei levar em consideração que, antes de entregar novos projetos, anseios e sonhos, buscando transformação existia saúde e vida, mas existia também sobrevida e morte em muitos processos e em muitos resultados. Quando olhei para esse tempo de ordem, acredito que foi a parte que mais doeu para mim, com características tão processuais e cheia de regras.

Meus alinhamentos aconteciam no papel, manuais impecáveis, tudo muito bem desenhado, bem explicado, até então na minha cabeça, tudo muito controlado. Existia vida, muita vida, nos papéis.

Minha liderança trazia medo para as pessoas, a ordem era estabelecida, por imposição, por falta de autenticidade, falta de iniciativa, falta de disposição; não existia parceria, muito menos alianças.

Entender que as regras não seriam mais o controle necessário para ouvir os sinais vitais, das minhas operações, só foram possíveis pela confiança que havia estabelecido em Deus.

Eliminar as impurezas, os vícios e os valores degradantes junto a padrões tradicionais, que faziam parte dos meus ambientes.

3. Organização

O diagnóstico sempre foi uma habilidade que tive, desde quando me formei, além de um talento natural, porém entender que demandas precisavam ser organizadas por imposição, reconhecendo um ambiente pesado, um solo dominado por sentimentos negativos, como: competitividade, injustiça, especulação, deslealdade, inimizade, manipulação, fofoca, roubo, idolatria, falsidade, orgulho, arrogância, ódio, rancor, insatisfação, avareza que afetavam as relações entre todos os envolvidos.

Assim é a desordem, um ambiente com pactos malfeitos, o mesmo que acontece na vida das pessoas, acontece na vida das empresas e na formação das carreiras.

Para ilustrar melhor o que estou dizendo, precisei entender que qualquer multidão não tem compromisso com as nossas emoções e vice e versa, porém essas emoções tanto nos impedem, como impedem os outros de fazerem o correto. Podemos perceber que, mesmo sabendo o que precisamos fazer, nem sempre fazemos por influências emocionais. Temos que liderar essa caminhada repleta de desafios, riscos e oportunidades.

No passado, eu falaria em organizar os manuais de condutas e operação, e hoje eu digo que o ato de entregar a estratégia organizacional é essencial, porque se convidamos o Criador para que Ele guie aquilo que seria humanamente impossível, aos nossos olhos, com referências à carga familiar. Ele verá o visível e o invisível para que guie e dê sabedoria e conhecimento para o seu sucesso, da sua carreira e do seu negócio. E tenha certeza, após essa ordem, os resultados serão extraordinários.

4. Limpeza

Você já vivenciou situações em que contratamos ou você participa junto a processos nos quais especialistas e consultores, organizações são avaliadas, processos revalidados, e a maior fragilidade é identificada, na maioria das vezes, pela movimentação humana? Todos os envolvidos, desde fundadores, gestores, líderes, supervisores, coordenadores, atendentes estão juntos a uma enorme movimentação emocional, como a maior realidade das diversas dimensões das relações humanas.

Reconhecer os sintomas que trouxe no tempo de organização, e entender que a discordância faz parte de fundações rodeadas de diferenças, expressadas quando ocorre disputa pela razão e entender que toda história tem começo e meio, porém, fim nem sempre, ou um fim não desejável é o que mais me fez precisar entregar o ponto de maior dificuldade. Nesse tempo, precisei olhar para mim, como disse, porque se fosse olhar para o lado ou para frente, talvez perdesse a visão mais sábia dessa parte do caminho.

"...preparai para vós o campo de lavoura, e não semeeis entre espinhos."

(Jeremias 4:3)

Em ambos os casos (pessoal ou profissional), foi necessário quebrar e romper barreiras mediante um ato de arrependimento, perdão e renúncia, a fim de obter os sinais vitais. Eis uma prática necessária e não uma das mais fáceis, fazer uma lista de atos cometidos contra os mandamentos. Para concluir esse tempo especial e mais forte do meu processo, quero afirmar para você os motivos de resultados tão normais e tão medíocres, como vejo em todos aqueles que trabalham pelo seu próprio esforço e em condições semelhantes às minhas.

"... Deus resiste aos soberbos, mas dá graça aos humildes."

(Tiago 4:6)

O homem só alcança o extraordinário quando fica sob a direção que Deus pode dar como necessária para obtê-lo.

Minha mentalidade empreendedora encontrou algo que na confiança se tem de sobra, encaixando perfeitamente em tudo aquilo que me faltava.

A beleza de me tornar, eu disse, me tornar uma líder orientada pelos valores positivos, não exigiu que eu aprendesse quaisquer novas habilidades ou técnicas excepcionais. Uma liderança está mais ligada a mais do que se é, do que sobre o que se faz; mais sobre o significado para que não se torne insignificante.

O mergulho profundo na análise de inquietações, não só para minha carreira, mas para todos aqueles que estavam ao meu redor. Escassos cases de referência, relacionados a conexões interpessoais. Bons resultados financeiros, porém associados a colaboradores fatigados, infelizes e não realizados, ou também péssimos resultados, associados à falta de boa performance.

Era fato perceber o sentimento de debilidades e fraquezas dos ambientes, não pela falta de habilidade operacional ou por um modelo de negócio ruim, mas pelo cenário de *fazedores* permanentes e crescentes excessos de racionalidade.

O incentivo para a virada de chave, para a abertura de novas oportunidades, gerando um ambiente pouco mais seguro, para que começasse a existir trocas mais reais e verdadeiras, creio que foi a parte mais difícil e, ao mesmo tempo, mais assustadora. Porque apenas nesse mergulho foi possível sentir o ambiente.

Se você chegou até aqui, espero que os sinais vitais do seu coração possam estar mais ritmados, porque só fará sentido se você realmente quiser e se sentir preparado para sentir.

O líder dentro de qualquer organização se torna parceiro dessa confiança, não porque ele precisa, mas porque deseja.

Utilizei um programa chamado **Vem Ser Você**. É esse que estou descrevendo aqui, quatro tempos suficientes para ancorar uma nova jornada.

Os primeiros 45 dias dedicados ao reconhecimento da história de fundação entre grão e semente, com muita troca de informação e investigação, mediante a coleta e identificação de clima organizacional, porém mais do que isso, a escuta de sinais vitais dos corações.

Afirmo que coletar pensamentos não era suficiente. Porque é fato que, em ambientes improdutivos, existem feridas esmagadas e esquecidas. E não adianta pensarmos que estamos falando somente de um negócio e de uma empresa, porque, a empresa é movida por pessoas.

Engloba ações administrativas e operacionais, indicando objetivos gerais, específicos, metas e planos de ações, a fim de corrigir debilidades encontradas.

Faço nesse tempo uma confissão sincera. Não fui uma líder perfeita, no decorrer de minha carreira, minhas falhas e imperfeições estiveram à vista de todos. Como líder, cometi erros sérios, fracassei por diversas vezes, lidei mal com as situações e desapontei meus atuais valores mais do que gostaria de admitir.

Existe esperança aqui, pela abrasividade, pela toxicidade e pela acidez de dentro de um ambiente sedento de humanidade.

O plano:

Reconhecer as piores práticas e me tornar um instrumento na condução da minha carreira e de todos que estiverem a favor dela.

Eu reconheci, antes de tudo que, para superar os gigantes do meio do caminho era necessário confrontar tudo aquilo que me afrontava.

O resultado:

Frutos de demonstração da abundância e da prosperidade que lhe esperam ao obter vitória, resultados de uma boa obediência.

O reconhecimento do ambiente, das situações, dos resultados, mas, principalmente, do sinal de vida, pelo princípio da palavra como um modelo espetacular.

Esse plano não se conecta com superficialidade ou até mesmo no conforto.

Desconfie dos seus sentimentos e pensamentos.

Reconhecimento

Epor 90 dias fui realizar a fase de diagnóstico, com o objetivo de reconhecer e instruir que todos pudessem participar das DDS, que significa: Diálogo Diário de Saúde. Da mesma forma, diálogos entre cargos de liderança e diretores, o principal movimento desse momento era trazer transparência e reconhecimento.

Avaliação de objetivos frustrados, de alternativas em planos traçados em curto, e em médio e longo-prazo para desenvolver a cultura organizacional desejada, tudo era formalizado por meio de declarações de valores políticos compartilhados.

Colaboradores que iam sendo inseridos, para que assimilassem rapidamente o novo ambiente, evitando os vícios laborais de outras experiências anteriores. De certo modo, verificar as ações com o objetivo de evolução de forma orgânica, sem controlar e avaliar os riscos de execução. Acho que tirar essa conclusão foi o X da questão, nesses primeiros 90 dias. Rigidez na parede com a missão, a visão e os valores e jogadores em campo sem nenhuma informação sobre o jogo.

Imagina estar escalado, entrar em campo, sem nenhuma informação do adversário, tipo e nome do campeonato. Algo muito semelhante à bola rolando sem destino. Comportamentos apáticos, *fazedores* olhando para o relógio, a todo instante, para enxergar o fim do expediente. Avaliar esse conjunto de atitudes e comportamentos, *linkados* à expressão de resultados no final do dia, em planilhas de Excel, junto ao próprio sistema de CRM, números encaixados perfeitamente nesses *software*, porém contando histórias significativamente diferentes.

Com essa comparação, não posso deixar de trazer as limitações de uma organização que narra sua história e constrói a sua marca, baseando-se apenas em serviços, produtos e clientes, mas que não equilibra a visão sobre o potencial humano, ou seja, estar em meio as vendas motivadas, antes de tudo, por pessoas, que estão ali querendo dar o melhor de si, fazendo a diferença, não só para o negócio, mas para a vida delas.

Essa limpeza trouxe respostas para o brilho escondido de um ambiente sem luz e acinzentado

Hoje, percebo o jogo entre *fazedores* humanos relutando em dar atenção a própria singularidade de cada colaborador. Unir as pontas: visão + missão + tecnologia + atenção humanizada, acerta o alvo. Para ser menos técnica, é necessário reconhecer realmente a sua razão de existir, a sua vocação original, e esse ponto é o de maior relevância para que possa ser valorizado. O processo deve ser avaliado periodicamente. Situações visíveis, entre movimentos, como se estivéssemos arrastando corrente, e um peso extra como resultado para ambos os lados já desconectados, mas com pouca transparência e coragem para começar a oferecer ao mundo suas potências e com todas as chances de serem melhores sucedidas.

As marcas que conseguem estabelecer uma forte ligação emocional com os seus consumidores, sem praticar efetivamente esse conceito, mais do que liderar com valores morais e campanhas de marketing agressivas para criar ligação com o consumidor. Por mais que exista a melhor campanha, não teremos bons frutos enquanto não existir a congruência na experiência e na expectativa do anúncio. Assim, surge a necessidade dos especialistas em gente, que não vão só declarar, mas vão quebrar os silos de uma cultura insignificante, integrando os papéis e funções de maneira diferente, que estimule a potência humana colaborativa, com atenção voltada não ao serviço, mas na maneira de servir. Já conseguimos perceber, sim, esse novo paradigma em algumas empresas. Eu, de fato, quando quero buscar conhecer a história da marca, eu já busco a história do dono, uma espécie de identificação, por que o tal "pó de pirlimpimpim", no mundo corporativo, com atendimento encantado e meta batida no final do mês, sem piloto automático em avaliação de lucros e prejuízos, confesso, ser o equilíbrio de ouro pouco encontrado.

Reconhecer é acreditar no que já estava lá, só não estava sendo enxergado.

Se parássemos para contar com quantas pessoas nos encontramos todos os dias ao sair de casa até a nossa volta, de forma intencional, ficaríamos surpreendidos com o nível da nossa distração; claro que umas são conhecidas e outras nunca vimos na vida. Umas vamos encontrar com regularidade, outras às vezes e outras, nunca mais. O fato é que, a maneira como nos conectamos com essas pessoas vai refletir nesse processo de crescimento, o qual chego neste instante.

Um fruto que não cai aos pés de um *fazedor humano* é o reconhecimento, que aparentemente ele não deseja, assim como eu achava que não desejava. Ser apreciada pelo que tinha de bom, não sendo só percebida, mas sendo aprovada.

Acho que temos duas condições necessárias para terminar este capítulo. A semente do reconhecimento girar em torno de nós mesmos, sem perceber aqueles que estão ao nosso redor.

A segunda é compreender as pessoas que nos cercam, observando-as sem preconceitos e, principalmente, sem comportamentos forçados.

E de fato compreender e saber lidar com todos os tipos de pessoas, de forma mais intencional e verdadeira. Os casamentos seriam mais felizes, não haveria brigas entre irmãos, os times de trabalho seriam mais harmoniosos e mais produtivos. E para um especialista em gente, conhecer os mecanismos que motivam os humanos e como agem a fazerem o que fazem. Nos meus processos de consultoria, identifico que as dores nos modelos de negócios vêm pela falta de gerenciamento de todos os envolvidos.

Não é tão difícil quanto parece. Pense em uma empresa multinacional, onde um projeto é tocado por diferentes culturas, língua e modos de pensar. Uma espécie de Torre de Babel! Imagine então fazer algo parecido com isso, dentro do nosso espaço! Seria possível?

A etapa que mais me fez crescer foi que, primeiramente, é possível desenvolver mesmo as pessoas que pensam diferente, porque as adversidades costumam ser ótimas oportunidade de transformação. Diferenças e divergências não se constituem necessariamente obstáculos se soubermos trabalhar com elas. Em segundo lugar, que reconhecer que o ser humano tem peculiaridades que formam sua personalidade e seu comportamento, e justamente esses aspectos são os que nos tornam únicos.

Reconhecer isso é fundamental para um convívio mais harmonioso com pessoas, sejam elas em qualquer nível de talento, explosivas ou passivas. Qualquer uma delas, se estiver no lugar certo, brilhará. Do contrário, por mais talentosa que seja, terá que lutar muito para não ter seu talento sufocado.

As "coisas" facilitam a vida, mas as pessoas é que definem nossa existência.

Foi muito importante eu compreender que me relacionar com pessoas não significa levar vantagem sobre elas. A ideia não é dominá-las, nem as manipular para que atendam nossos desejos, mas, sim, a condição fundamental que precisamos compreender é que precisamos nos conhecer melhor e até mesmo nos reinventar para que possamos realizar nossos projetos e nossos sonhos. Não importa se estamos em casa, na empresa ou no convívio com amigos.

A única maneira de construirmos verdadeiros pactos com pessoas que estão ao nosso lado é a partir do nosso próprio autoconhecimento. Quanto mais nos conhecemos, mais crescemos e melhores condições temos de ajudar as pessoas à nossa volta a crescer. E tenho certeza de que essas experiências podem ser utilizadas, em qualquer situação ou qualquer campo da vida, seja familiar, social ou profissional. E não importa quem sejam essas pessoas ou onde elas estejam. Afinal, é impossível dividir pessoas em seres profissionais, seres familiares, seres sociais etc. como se fossem **"pedaços de gente",** porque afinal somos um pouco de tudo isso.

Até porque não faria sentido imaginar que podemos ser alguém das oito da manhã até às seis da tarde e de segunda à sexta-feira e fora desses períodos sermos outro tipo de pessoa.

De um ponto de vista estratégico, dar a liberdade do "eu" verdadeiro pertencer ao nosso cenário e, mais do que isso, dar a oportunidade dele se manifestar de modo integral. Estamos falando da maior dor do processo de gestão de pessoas que eu encontro nas consultorias. Isso costuma acontecer porque, em geral, estamos presos a rótulos e buscando sempre atender a expectativas externas. Aliás, costumamos agir em relação aos outros esperando que eles se comportem de determinado jeito, em determinada ação e em certo ambiente, independentemente de suas características, de seus interesses ou de suas vontades.

Uma conduta que hoje considero que não era uma boa prática na minha época de menor autoconhecimento, era de achar que uma cultura familiar poderia condenar 100 % uma conduta de um colaborador.

Eu acabava usando isso como a resposta em uma situação negativa, terminando em um desligamento. Hoje, compreendo que apesar de sermos a mesma pessoa em todas as situações, não precisamos transformar nossa casa numa extensão do nosso trabalho e nem o nosso trabalho na continuação do nosso ambiente familiar. Em cada caso podemos agir de acordo com as necessidades, sem **renunciar** àquilo que somos em essência.

Um título necessário

Precisei começar a entender muito mais de Gente

Assim como um joalheiro alinha as faces de um diamante bruto, um especialista em gente alinha seu time, a fim de que a equipe brilhe mais em conjunto do que qualquer membro o faria isoladamente, ou seja, saber lapidar humanos para trabalhar de modo coletivo é a chave para construir alianças duradouras. Uma lapidação, além de não ser um processo fácil, não é estático, é dinâmico, e o esforço será a diferença para se movimentar frente ao que você reconhece para você e para o seu negócio.

"É proibido desistir de pessoas;"

Juliana Berto

Sim, é sobre caminhar o último trecho da marcha de 20 milhas até o topo, porque o trabalho em equipe gera e sustenta retornos significativos para todos os envolvidos, uma espécie de peregrinação, passar incontáveis dias olhando para pequenos passos, mas pelo menos tendo a certeza de que estamos na rota certa. Às vezes, esses sinais desaparecem completamente, alertando-nos de que em algum momento pegamos a rota e a direção erradas.

Com o passar do tempo, como grãos de areia em uma ampulheta, o número de quilômetros até o destino final muda lentamente. O que parecia uma distância inimaginável se torna um pouco menos absurda, ao longo das semanas de caminhada. Para gerenciar acho que podemos pegar uma boa dica, os peregrinos aprendem a parar de gerar a expectativa na chegada, estabelecem alvos mais próximos, como um *hostel* ou a próxima cidadezinha.

E da mesma maneira, para manter-se na longa jornada de uma equipe atingir um nível de conexão esperada, é preciso concentrar em cada pequeno passo da trajetória, e não no destino. É uma trilha que todo time precisa percorrer junto. Essa jornada é tanto psicológica, quanto física. O destino é atingir a excelência em colaboração e em tomada de decisão.

Por isso, esteja de olhos e ouvidos bem abertos, solte as amarras, veleje movido pela voz dos bons ventos! Explore e ouse ir a lugares nunca imaginados.

Ter esse cuidado manifestado em forma de amor para melhorar as relações, me fizeram dar um salto nos meus planejamentos, quando descobri que ter um estilo próprio para cada comportamento e temperamento, com mudanças na fala, linguagem corporal e comportamento social fizeram toda a diferença nas minhas relações interpessoais.

Todo cuidado mediante esse conhecimento para não julgar e rotular, mas sim para favorecer relacionamentos e antecipar reações.

Basicamente, a organização trabalha sobre os quatro tempos, o que permite que tenhamos o discernimento necessário para conectarmos os pontos da organização.

O órgão que utilizo como indicador de performance é o coração. Volto a dizer, sem romantismo, é nele que sinais vitais serão expressos, e é nele que toda dor pode ser sentida, é nele que mora o porquê do medo, o porquê da apatia, o porquê dos questionamentos improdutivos.

É nele que organizações podem ser legitimadas. A queda de um padrão que entrega o fim, mas maltrata a jornada, por preocupações e objetivos sustentados pelo que fazemos, pelos resultados, pelo cargo, pela função, ou pela reputação diante das pessoas, e não por quem somos realmente.

O início de toda a jornada

E o maior reforço que trago aqui é sobre o coração do dono do negócio, porque uma equipe unida pelo mesmo significado é a maior oportunidade de estabelecer conexões com propósito, que expressem primeiro a missão, e depois a comissão. Trouxe no início do capítulo o case da minha primeira grande experiência sobre os salvadores de vidas, e hoje como empresária e empreendedora, faço algumas outras leituras, de outros desenhos de negócios, vejamos:

Toda padaria faz doces e bolos, mas poucos produzem sabendo de forma intencional que se trata muito mais do que um bolo, e sim uma forma de levar alegria a alguém em um momento especial, e ainda eternizado em um álbum de fotografias.

O maquiador que foi escolhido para um dia especial de um casamento, tamanha participação no processo de imagem. O dentista que transforma o tom, o brilho, a forma, através do sorriso, e resgata a autoestima perdida. Se estivermos ligados às emoções que cada ação desperta, jamais estaremos roubados por um padrão rotineiro.

Fazer algo pelos outros é muito importante para nós.

Porque é servindo que encontraremos o significado de uma ação verdadeira, e sentimentos de desaprovação, insatisfação e a corrida pela tão famosa promoção, com um plano de carreira mal interpretado, não são as correntes de talentos sem vida.

Estudos mostram que realizar um trabalho voluntário, mesmo que realizado por alguns minutos na semana, pode trazer um toque a mais de satisfação na vida.

E se tornam admiráveis as pessoas que têm essa sensibilidade e disposição em ajudar o próximo.

Trabalhar as intenções antes de começar é essencial para ver as coisas corretamente, e não sob o aspecto de um grande fardo.

Quero encerrar essa questão embasando a palavra **significado**, em ciência. Deixo aqui alguns trechos de **ERIC BARKER** sobre essa sugestão:

> **"Nosso cérebro está programado para tentar entender as coisas. O significado é parte de nosso sistema operacional. Precisamos pensar que o mundo faz sentido. O cérebro não gosta de aleatoriedade.**
>
> **Mas o que é significado? O significado vem na forma de histórias que contamos a nós mesmos a respeito do mundo . [...] Pesquisas apontam que contamos cerca de duas mil histórias para nós, todos os dias.**
>
> **Para quase todas as áreas da sua vida, como carreira e relacionamento, você tem uma história para contar de si mesmo [...] Quem considera sua carreira significativa e gratificante?"**

Esse é o poder, que pode fazer toda a diferença, e felizes aqueles que estão por coragem desfrutando dessa naturalidade.

"Só gera valor quem pode reconhecer valor"

É um grande passo quando nos colocamos na condição de exaltar as diferenças.

Eu me alinhei perfeitamente quando decidi não trabalhar os planos coletivos e, sim, reconhecendo os planos individuais. Em todas as empresas que passei, cada uma tinha um tipo de abordagem, umas longe de saber o que era um estudo individual de um humano, outras estudos rasos pelo RH, outras só estudos, conversas mas sem a maior receita de conexão. A intenção: **criar uma conexão através de uma cadeia intencional.**

Foi tão aliviador saber que, mesmo com tanto estudo, tanta dedicação, não seria uma recrutadora e analista de pessoas, porque confesso, no tempo de *fazedora humana*, isso era fato, mas nesse novo tempo era algo que me gerava um grande inconformismo. Aqui, já morava uma chave de um desejo intencionado dentro do meu coração, um desejo de verdade, genuíno de reconhecer aqueles que estavam ao meu lado, posso dizer, uma libertação. Minha intenção me trouxe poder sobre as pessoas. O poder do ânimo, do encorajamento, da esperança, ali sabia que ou começaria a ativar ou começaria a libertar aqueles que precisassem da minha ajuda. Intencionalmente, um negócio que não manifesta a atenção aos valores manifesta desprezo por si mesma como empresa e pelo ser humano.

Querer é o começo de tudo,
Fazer é o meio de tudo,
Mas Ser, é caminho para tudo.

Meu movimento continua sendo, humildemente, encorajar você a rever e reconhecer que podemos ser melhores para fazermos melhores negócios, e para sermos melhores negócios para todos.

A reputação irá melhorar,
A competência e o engajamento da equipe,
O relacionamento com os clientes,
Os resultados de todos e para todos.

O movimento **VemSerVocê** é a rota que reconhece, conectando Gente a processos. Passamos a cuidar melhor da equipe, dos clientes, fornecedores e quem mais participe da comunidade de serviços. Fazer porque gosta de gente, foi e sempre será o melhor negócio do mundo.

Espero que possa estar pronto para reconhecer essa movimentação e pronto para calibrar o seu GPS, porque mesmo não sendo um especialista graduado em Recursos Humanos, você poderá ser um especialista em Gente.

A grandeza desse tempo: Sementes do Crescer

Líder, apesar dos obstáculos que tem enfrentado, lembre-se que muitas passagens bíblicas revelam Deus nos comparando com uma árvore frutífera, mas nunca como ornamento. Estamos aqui para reconhecer, acolher e dar vida ao nosso propósito. E assim que descobrir que as tão esperadas motivações estavam dentro do coração, tome posse daquilo que é seu de forma pessoal e intransferível.

O cultivo intencional

Pare de adentrar ao padrão normal do mundo, e cultive esse novo reposicionamento. Ações que pareciam ser boas aos seus olhos, enganadas pelo medo do fracasso, não produziram frutas suculentas.

Frutos da intencionalidade

Não somos escolhidos de forma única para sermos líderes de uma carreira qualquer, estamos aqui sobre testes, provas, sendo promovidos a termos legados eternos.

"Cuide da sua marca, não se permita Ser alguém que sobrevive em desacertos e escombros."

Capítulo 3

O Tempo da Descoberta

OS SINAIS do Tempo de Fazer

Um novo modo

Frutificando no tempo de fazer

200 dias de plano de execução

Precisamos falar de negócios
Eu sei,
Então, vamos juntos!

Infelizmente, as notícias não são boas. A pesquisa de clima mostra sinais de desaprovação acima da média. Mas não se preocupe. Vamos reestruturar o planejamento e pensar em novas contratações. Tudo vai dar certo.

Recuando para reconhecer

Sem tirar nem pôr, esses eram os resultados que eu mais ouvia pós coletas de processos dos meus próprios negócios e de muitas empresas das quais tive a honra de fazer parte. A desaprovação como a maior oportunidade de me ensinar absolutamente tudo.

Tudo o que carrego como lição, foi a forma como visualizei a falta de fruto nos processos em que eu estava inserida como líder. Dizem que quando não se aprende pelo amor, se aprende pela dor.

Mal sabia que sentir na pele o sentimento de desaprovação, um dia, me serviria de semente, para um novo plantio, para novas estações, para a chegada de novos ventos.

Ainda não sabia, mas a cada momento que sentia falta de expressão de vida, nos desencontros, nos enganos, nas faltas de conexões relacionais, estava sendo forjada a expandir um grande desejo do meu coração. Falar de sensibilidade, amor, compaixão, construção de relacionamentos, não era algo natural para o mundo dos *fazedores*. Passar a encarar com maior suavidade (ou menos dureza) a desaprovação, como o maior sinal de desamor, me fez ter a maior oportunidade de crescimento na minha história. A maior especialização da minha carreira.

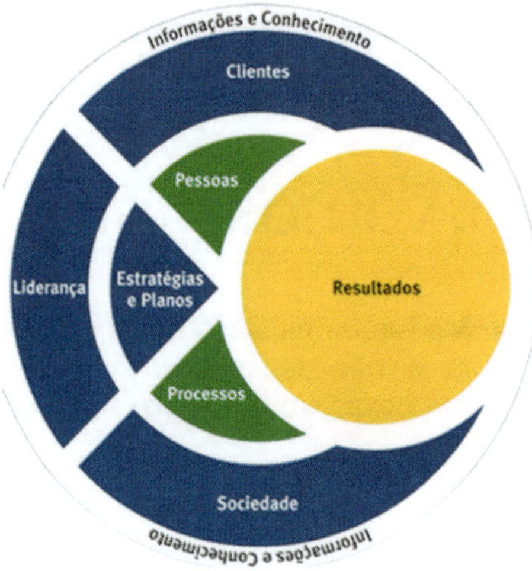

PROCESSOS: Aprenda a preparar a sua empresa para que ela funcione como uma orquestra afinada, sem depender de sua presença constante na operação.

Essa fluidez se consegue com GESTÃO. Enquanto sua empresa está em pleno funcionamento, você tem tempo e disposição para trabalhar O seu negócio e não mais NO seu negócio.

PESSOAS: São as engrenagens para tudo na vida. As pessoas colocam tudo em movimento. Não seria diferente nas empresas.

Aprenda a identificar e desenvolver times vencedores que entram em campo para Ganhar. O crescimento dos seus colaboradores será uma ascensão da sua própria empresa. Não existe melhor relação **ganha-ganha.**

Isso se constrói com **LIDERANÇA.**

RESULTADOS: Um bom equilíbrio e manutenção dos 2 P's, vai gerar o que todo empresário de sucesso quer: resultados positivos, lucros em constante ascensão. Isso se dá com a implantação na prática da cultura organizacional de sua empresa.

Experiências boas ou ruins só reforçaram algo bem real na minha história, que eu já sabia, mas não assumia. Chegou o tempo, agora neste capítulo, de desfrutar essa paixão, sim, paixão por pessoas. São tantos os ensinamentos que nesse tempo fui levada a aprender, tantas oportunidades de me reconectar com a minha formação de mais de 20 anos.

Essa oportunidade me levou a me aprofundar no desenvolvimento de pessoas, percorrendo formações nacionais e internacionais, pós-graduação em gestão de equipes, especialização em negociação, pesquisando vertentes e boas práticas. Foi quando me deparei com a dor de executivos, líderes, gestores, que estavam estagnados pelo fracasso ou pelo medo de assumirem um negócio gerindo pessoas ou sendo colocados em posição de liderança. Com isso, nasceu uma organização dentro da minha jornada, meu programa Vem Ser Você, no qual traduzo a verdade:

Não é sobre dente, é sobre Gente.

Uma convicção que, independentemente da sua área de atuação, é um processo que precisa fazer parte do nosso chamado como empreendedores, empresários, executivos ou líderes.

Mahatma Gandhi, dizia que se pudéssemos mudar nós mesmos, as tendências do mundo também mudariam, o ambiente mudaria, nossos resultados mudariam.

Uma nova declaração para esse tempo, o tempo que será mais prático do livro, porque foi o tempo que mais plantei na minha história e, por esse motivo, o tempo que mais me deu sinais, esses que serão reconhecidos, rompidos, gerados e realizados.

Como nata *fazedora* que executa planos há 28 anos, vamos juntos:

Exame de diagnóstico organizacional:

- **Sintomas da dor**
- **Acesso à dor**
- **Tratamento**
- **Plano de cura**

Talvez esteja pensando que isso não lhe parece um livro de Administração e, bem a verdade, não é o que eu busco, a mensagem de esperança que deixo aqui, é validada 100 % sobre a minha história, porque mais que sentir, é realmente viver tudo aquilo, que todos vivem, ou já viveram. Todos nós temos histórias tristes para contar, do modelo mais fabuloso com destaque na revista Forbes, à padaria da esquina, vemos a drenagem de uma vida apagada em modo de sobrevida, bastando olhar para o próprio dono, sem que palavras se façam necessárias.

O corpo fala sobre tudo que foi roubado pela burocracia, egocentrismo, silos organizacionais, desvantagens competitivas e o abuso na falta do amor e do respeito ao próximo. Não seria possível da minha parte contar metade da minha história, sem deixar que ela mesma revelasse a minha mensagem de esperança.

Compartilho aqui em boas práticas, como encontrei uma maneira de Ser, uma mulher de negócios, líder, empresária, empreendedora, de uma forma viva e poderosa sem precisar viver sob verdades geradas em sacrifício e insustentáveis planos, ditos como modelos ideais de negócios.

O plano de cura que apresento aqui, não provém de práticas rasas e egocêntricas. Precisei de processos duros, doloridos e exaustivos, desenterrando e, ao mesmo tempo, enxergando o abalo de conduções arraigadas sobre a vida, sobre as pessoas e sobre o trabalho.

Algumas reflexões sobre essa jornada:

As práticas baseiam-se em 28 anos de experiência em saúde organizacional.

Tive muitas possibilidades de estudar apenas dados de empresas com modelos de negócios com os quais tive a oportunidade de aprender e me desenvolver, mas decidi caminhar com mais profundidade e liberdade. Estou certamente saturada, assim como você, pela quantidade de cursos, mentorias, especializações que trazem consigo fórmulas genéricas, bem mundanas, quero dizer, esqueço quem sou, para executar aquilo que é proposto. Alternativas que novamente afogam minha etapa de renascimento e crescimento. Eu jamais seria capaz de transbordar na ajuda de processo de cura de outras pessoas, se estivesse afogada nessa minha verdade; eu precisei ser curada, antes de ajudar na cura de outras empresas.

Método utilizado na coleta de dados

O mais simples e mais profundo possível:

- **Ouvindo** mais e falando menos.
- **Observando** mais e controlando menos.
- **Refletindo** mais e julgando menos.
- **Conectando** mais e desconectando menos.

Vejam essa analogia:

Um coração disposto, gera frutos, reúne experiências vividas na prática empreendedora, conhecimentos adquiridos na docência de ensino superior, junto ao conhecimento das escrituras sagradas. É preciso trabalhar mentes, mas antes, corações, a fim de gerar extraordinários resultados.

A maioria dos modelos sobre liderança trazem consigo o foco no comportamento externo, tentando melhorar os estilos com métodos de liderança.

O foco e a atenção são voltados para formação de mentalidade. No entanto, apostei 20 anos nessa orientação, movimentando minha atenção para minhas mãos como ferramenta de execução, mas descobri pela dor que uma liderança efetiva começa no interior de cada um de nós.

É uma capacidade que mora no coração, e hoje quero trazer tudo aquilo que saiu de dentro de mim, para que aquele coração motivado pelo ego não fizesse mais parte da minha jornada.

Portanto me sinto confortável em utilizar "pessoas" como o centro da referência de dados coletados.

Só você pode dar personalidade ao seu negócio

e aquecê-lo com o seu coração.

O coração como guardião do melhor plano de execução

Nas escrituras, constantemente somos comparados com árvores, e esse é o motivo que utilizo o órgão da vida e seus ramos, como forma de crescimento. Empreender com essa abordagem me permite recusar a forma diferente dos padrões declarados como necessidade puramente corporativa, após 20 anos de carreira, vivendo sob a perspectiva funcional com a rota reta (dormir, acordar, trabalhar).

Por mais que os resultados fossem bons, e os negócios estavam em constante crescimento, estava fadada ao peso. O cenário *fazedor* claramente me trazia indicadores ancorados em sacrifícios, mesmo que com metas cumpridas.

Trouxe aqui em fatos:

- Retrabalhos com processos desorganizados e falta de indicadores.
- Política do "Apaga Incêndio", negligenciando o importante por conta das urgências;
- Time dependente, sem autonomia ou iniciativa;
- Falta de clareza e perspectiva no processo de crescimento e escalada;
- Sobrecarga de trabalho, mais de 12 horas por dia;
- Dificuldade em se ausentar da empresa e tirar férias;
- Falta de tempo para a família, amigos e lazer;
- Reflexos na saúde, como estresse e vida sedentária.

Tenho que confessar: O autoconhecimento poderosamente me deu a força que eu precisava para ser sincera comigo mesma:

Por que perdeu o sentido continuar fazendo tudo o que faço, do jeito que faço? Esses resultados não têm nada a ver comigo!

Me lembro que pensei como seria importante ter uma bússola nesse momento. Mal eu sabia que nesse apoio encontraria, ou melhor, renunciaria a continuar dando vozes apenas para as minhas orientações e convicções. Havia uma nova luz no caminho, uma espécie de lanterna, iluminando os locais escuros nos quais eu estava caminhando.

Você, profissional, que está aqui comigo: o caminho do empreendedorismo baseado no princípio das escrituras nos encoraja a tratar os desencontros, as desconexões, as insatisfações, os desalinhamentos de uma forma mais leve e mais coerente. Apenas sob a luz podemos revelar o que está escondido.

Não é fórmula e nem receita, vejamos nas escrituras:

"O amor é o primeiro e mais importante fruto, porque sem amor não se pode agradar a ninguém e nem ao Criador.

O amor não se constrói, pois tem que vir do coração de Deus e, sem amor, não se pode produzir fruto bom. O amor é a ferramenta primordial para uma vida plena."

Amor, sim, falei de amor. O amor é visto de tantas maneiras, mas falando de empreendedorismo, quero ser objetiva e talvez até radical. **O amor nada mais é que a maneira como tratamos as pessoas.**

E a primeira pessoa era eu e, com certeza, deve ser você. Quando desconheço esse amor, esse cuidado, essa importância, eu continuo vivendo no massacre pessoal, familiar e social. Claramente posicionada que não vivemos apenas de negócios, colaboradores, clientes e pacientes, nós cuidamos e geramos sonhos em vidas, geramos os nossos sonhos.

Essa percepção é preciosa. Imagina que essas pessoas dedicam como ato de amor, mesmo sem saber, muitas vezes, um bem precioso em suas vidas que é o tempo, quer seja na escolha do serviço, na plataforma de desenvolvimento de suas carreiras, na confiança sobre atendimentos de serviços prestados.

E daqui partimos com uma grande crença, sem essa percepção que podemos, sim, traduzir amor como prática que entrega, que vive verdadeiramente a conexão humana. Além disso, já quero afirmar que qualquer execução mascarada terá prazo de validade.

Comece agora,

uma moeda que
não é de troca.

Amamos tudo, desde sorvete a cães, mas acho que verdadeiramente não sabia o que exatamente isso queria dizer. Pois é, um tanto profundo, a minha capa de super-heroína do *fazer* escondia pedaços desse egoísmo, escondendo a totalidade do meu ser. A consequência de uma vida na qual eu desconhecia minha própria identidade.

Hoje, neste tempo, percebo o tanto que Deus se preocupou com tantos detalhes, não só de aparência, mas sobretudo naquilo que nos distingue interiormente. A atenção de como tudo isso se manifesta, em forma de comportamento e atitudes. Seria fácil entrar agora nesse tempo, ditando rituais e receitas infalíveis para você gerir melhor seu negócio e sua carreira.

Tomando melhores decisões e recebendo os melhores resultados. Mas preciso lhe dizer, entre características, capacidades e habilidades, o amor será a força maior e o hábito da confiança será o destrave do desfrute.

Antes de mergulhar nas etapas do empreendedorismo sob esse princípio, convido você a permitir que esse amor lhe invada nesse momento; se estiver passando pelo que eu passei e tiver dificuldade e resistência, achando que isso é uma bobagem romântica, acredito que não faça sentido avançar, mas se as suas dores corporativas estão te colocando em modo de sacrifício e o céu lhe parece cinza, muitas vezes, fica aqui comigo, porque existe esperança. O apoio irá lhe encontrar, iluminar e trazer boas visões e estratégias, em um novo caminho cheio de sustentação.

Acredite: não só o novo acontecerá, mas você nunca mais será a mesma.

Um bom indicador do que habita em qualquer ambiente

é a temperatura que ele traz.

Sociabilidade

Tolerância

Relacionamento interpessoal

Planejamento

Empatia

Extroversão

Dominância

Capacidade de ouvir

Dinamismo

Proatividade

Concentração

Condescendência

Automotivação

Perfil técnico

Multitarefas

Organização

Orientação

Resultado

Detalhismo

Rigorosidade

Medição como um ato corajoso

(Clima organizacional)

Assim como existem meteorologistas que monitoram as condições climáticas das cidades e das regiões, os gestores e líderes de uma organização devem acompanhar variações de clima organizacional. Como excelente boa prática, o trabalho preventivo organiza e protege um dos maiores ganhos dentro de qualquer negócio: **o capital intelectual.**

Durante todo o processo de formação do nosso modelo, não podemos impedir que ventos tragam e levem oportunidades, mas podemos construir abrigos. A empresa deve abrigar com cuidado os talentos, os valores, as habilidades, as competências e os sonhos dos seus colaboradores. Reter e cuidar dos melhores deve ser uma meta, custe o que custar. A formação de uma identidade propositalmente desenhada coloca o negócio na melhor condição de sucesso e prosperidade.

Mãos à obra
Livrando-se dos maus hábitos

Um solo arenoso, cheio de insatisfação, desaprovação, incertezas, medo, ansiedade, depressão, vícios, valores degradantes, falta de paciência, intolerância, rigidez, egoísmo, rixa, competitividade não sadia foram identificadas. Para limpeza do terreno, algo precisava ser feito. Eu estava passando por uma espécie de paralisia para tomadas de decisões, afinal, havia renunciado, as minhas forças de *fazedora* estavam em busca de novos sentidos, e esses valores degradantes não faziam parte do meu tempo de transformação.

"Preparai para vós o campo de lavoura, e não semeeis entre espinhos."

(Jeremias 4:3)

O cansaço de um líder empreendedor fazedor rouba todos os espaços de um campo fértil e próspero, hoje é facilmente possível perceber quando uma empresa se encontra submersa em um clima de vícios e atitudes indesejáveis, fácil de se observar de se sentir os vícios indesejáveis, porque costumam refletir um ambiente pesado, regado pelo ciúme, inveja, competitividade, ódio, fofoca, violência, desonestidade, especulação, feitiçaria, roubo, idolatria, rancor, que com certeza afetam diretamente a ação. Em ambos os casos (pessoal ou profissional) carregar a marca sem a renúncia não trará nenhum tipo de avanço, em qualquer dito como o melhor modelo de negócios do mundo.

Voltar atrás é difícil. Isso porque costumamos associar essa decisão a um retrocesso.

Pelo menos, sob a ótica humana, mas pela ótica da fé você sai ganhando, porque o arrependimento lhe abre um novo caminho para se corrigir o erro.

Livrar-se dos maus hábitos requer forte comprometimento, investimento de tempo, estudo, dedicação, disponibilidade, mas principalmente estar disposto a se sentir desconfortável no tempo de transição da escuridão para a luz, uma espécie de saída do cativeiro para a liberdade. Tratar e curar um mau hábito nas práticas organizacionais é como romper libertando-se de uma espécie de relacionamento abusivo, em quaisquer que sejam as partes.

Eu sempre tive uma tendência de *fazer* porque tinha que *fazer*, custasse o que fosse necessário; raramente me permitia me sentir frustrada ou em modo de sofrimento, queria sempre dar um jeito para tudo, e parece que isso se tornou um estado de vício, me tornei uma empreendedora viciosa.

Hoje, transformar aquilo que nunca foi fácil, pesado e sacrificante, em demandas leves e assertivas, reconheço que é a etapa do fruto mais maduro que precisamos colher. Uma ação que não custa nada, raramente terá valor, para qualquer das partes e quebrar esses maus hábitos, sem nenhum esforço e comprometimento, teria tão pouco valor, que provavelmente sequer tentaríamos fazer.

Fiz um breve relato das minhas disfuncionalidades e do meu negócio, mas poderia falar aqui de um número incontável de hábitos degradantes, que talvez você possa estar lidando no seu meio corporativo, como excesso de atividades, escassez de compaixão, distúrbios cognitivos, drogas, alcoolismo, compulsão, preguiça, tabagismo, porque ainda que pareça não serem transtornos organizacionais, todos eles podem fazer parte da vida daqueles que estão ao nosso redor, não se mostrando como parte fora do trabalho e parte dentro do trabalho, já que são seres completos.

E, por esse motivo, volto a lhe trazer esperança, não só nas ferramentas corporativas, sob uma ótica mais padrão.

A libertação irá trazer liberdade entre o Ser e o Fazer, para nos dar uma identidade organizacional, e para que possamos desfrutar de tudo o que plantamos.

Só quero dizer que, por mais desconfortável que seja, quando estiver bem cansado de lutar contra o caminho mais confortável, pense em como será maravilhoso quando o mau hábito for quebrado, e outro novo hábito tiver tomado o seu lugar, porque já lhe adianto, esses passos da obediência vão surpreender você de uma maneira extraordinária.

Os sintomas dos hábitos disfuncionais

de desamor.

As práticas doloridas e autorais de um líder dono de negócio ou mesmo de um representante, quando comparadas à minha história de *fazedora* humana, *me* colocam em posição de grande coragem intencional. Compilar, analisar, e transformar dados não só em práticas, mas em boas práticas, com novos e bons hábitos, resulta talvez em uma parte egoísta na vontade de ser uma líder melhor.

Nos primeiros cinco anos de formada, passei de estudante de Odontologia para Cirurgiã-Dentista e fundadora e CEO de uma rede de negócios em saúde. Após 10 anos, de Cirurgiã–Dentista a líder em saúde e professora, e após 15 anos, pesquisadora e fundadora de uma marca em saúde.

Lição aprendida:

Minha mente era rendida ao ciclo vicioso, meus pensamentos, minhas palavras, eram sopradas pela minha boca cheia de dúvidas e incredulidade. Quero lhe dizer que, por mais que eu não tivesse enxergado muita coisa antes, e mesmo quando enxerguei, ou ainda que já estivesse tentando 100 vezes e tivesse dado errado, *me* encorajei a acreditar que dessa vez seria diferente, porque estamos falando de um coração tratado, do meu coração; diferente de uma mentalidade tratada, estamos falando sobre a ação de uma empreendedora virtuosa e não viciosa.

A decisão de deixar de fazer de novo, e começar a fazer o novo

A forma como vamos encarar as relações humanas e o trabalho, no contexto de carreira e empresas, tem grande importância. Eis aqui a primeira:

Ninguém reconhece ninguém, se não conhece a si mesmo.

Quando decidi tomar consciência de mim mesma (dos meus pensamentos, emoções, necessidades e comportamentos) me coloquei à disposição de uma forma especial, de participar do teatro da vida, sem peça monóloga. A peça começou a ser escrita com vitalidade, cheia de atores e atrizes, com scripts diferenciados, despertando o melhor de cada um deles, fluindo o autoconhecimento de forma coletiva. **E é desejado que assim seja!**

Sei que o princípio de Crer antes de ver acontecer, mesmo já tendo feito muitas vezes, me parece algo estranho para a mente, mas essa é a **fórmula da fé para o sucesso.** No mundo natural, somos os fazedores, que precisamos ver para crer. No mundo espiritual, cremos primeiro pela fé, sem qualquer evidência natural e somente depois vemos o resultado.

No topo dos desafios dos sinais vitais.

Até agora, estou incentivando você a FAZER uma coleta dos vícios degradantes do seu negócio. Precisamos encarar, de fato, a tradução desses vícios nas práticas organizacionais.

O trabalho não é o tema central da vida das pessoas. Ocupa, sim, uma grande parte do nosso tempo ativo, mas não é, e não pode ser o foco exclusivo do ser humano. Durante minha jornada, reconhecer que existia vida além da entrega diária, um equilíbrio necessário entre a vida pessoal, familiar, romântica, social, recreativa e humanitária não me fazia enxergar de quais práticas viciosas era refém e de quais precisa me libertar.

Nesse contexto, fora a minha história, aprovei para trazer evidências atualizadas.

O que mais me chamou atenção e não só confirmou que o gatilho que nos leva a praticar comportamentos viciosos, dos quais desejamos nos libertar e libertar aqueles que fazem parte da nossa jornada é a grande distância entre fazer o que queremos, com práticas apaixonantes e escolhidas por nós mesmos, uma espécie de posicionamento de pessoas certas no lugar certo, ou sermos obrigados a seguir tal rumo sem o menor sentido, o que faz com que o tédio tome conta de forma desastrosa em nível de saúde mental, física e psicológica.

Vejamos essa atual pesquisa:

Desafios 2021

1. Adoção de novas políticas e/ou formatos de trabalho
2. Comunicação interna
3. Desenvolvimento/ Capacitação de lideranças

Desafios 2022

1. Adoção de novas políticas e/ou formatos de trabalho
2. Comunicação interna
3. Saúde mental

Desafios 2023

1. Saúde mental
2. Comunicação interna
3. Desenvolvimento/ Capacitação de lideranças

Minha filha Sophia ama certa marca de refrigerante, ela praticamente não bebe mais, mas percebi que quando se sente frustrada, ou extremamente cansada, ela enfaticamente diz: "Hoje preciso tomar o refrigerante como uma espécie de sensação de conforto e bem-estar". Da mesma forma, precisamos entender porque cultivamos os vícios degradantes, em ambientes corporativos. A tendência para este ano, como o topo dos desafios é a saúde mental e, com certeza, ter acesso a porquê fazemos o que fazemos, é a porta da libertação.

Vejamos esse outro índice:

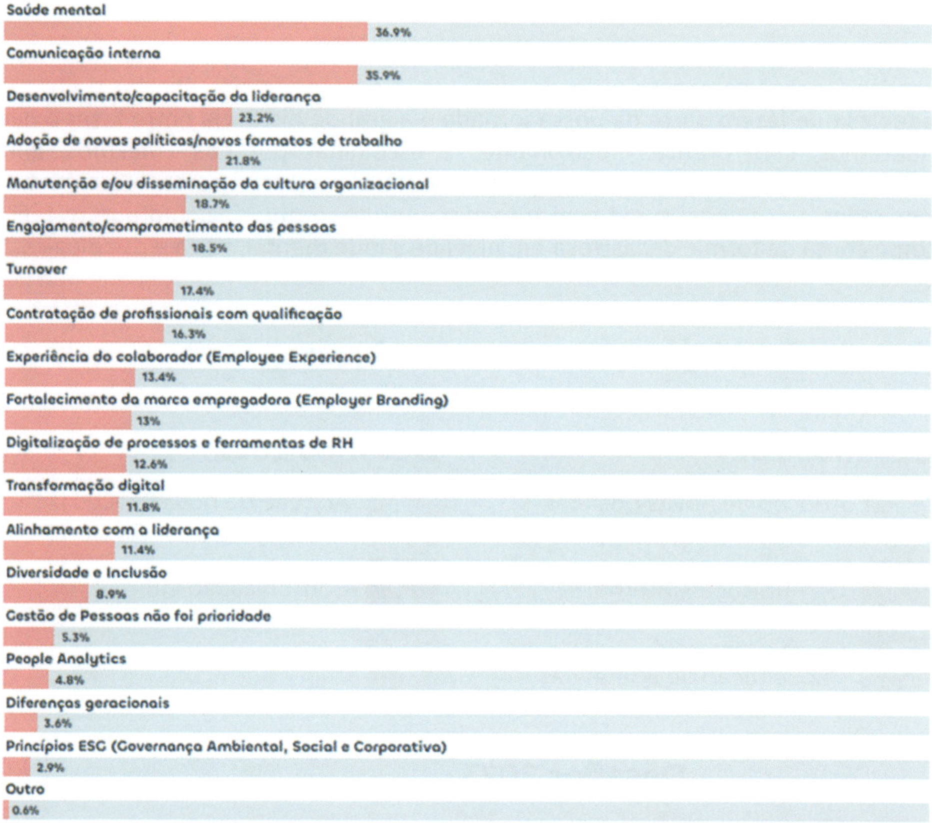

A Síndrome de Burnout atinge as pessoas que foram levadas ao limite de suas forças de trabalho, com toda a energia focada, muitas vezes, para uma progressão de carreira, assumindo cargas de trabalho extra, debaixo de tensões emocionais e sentimentos de esgotamentos, um ápice, do nível tolerável de exaustão energética.

Fazer essa junção sobre a minha história e sobre a minha vivência, em uma espécie de encontro com o mundo lá fora, toma conta da leitura, frequentemente, do ambiente em que sócios, parceiros, fornecedores, colaboradores, com descomprometimento em relação às suas funções se apresentam como uma ausência da presença mental, da reclusão, do distanciamento, da apatia, ao absentismo, do foco no negativismo, da geração de conflitos e dos sentimentos de cinismo nas conexões diárias.

Resultados

Estratégias

Nostalgia

Metas

Visão

Valores

Questionamento Improdutivo

Missão

Isolamento

Demissão

Seguimos então em campo:

Mais 40 dias:

Os desafios da vida real

Marquei uma reunião geral com os colaboradores, com os indicadores de desaprovação, para o apontamento necessário. Desafiei e instiguei toda a equipe coletada, mostrando claramente a nossa falta de desconexão; estávamos no mesmo ambiente, buscando significados diferentes.

Nessa oportunidade, mostrei que a insatisfação se estendia, expressada no resultado de outros indicadores. Mas de forma corajosa mostrei que tínhamos o esforço e a dedicação para superar uma crise que estávamos enfrentando. Trouxe de forma clara um prazo, que foi de seis meses, para demonstrar que nossas ações seriam produtivas, caso contrário, eu seria a primeira a estar em contradição ao que eu estava defendendo.

O maior fator de crença

O tempo de crescimento me trouxe a maior crença que precisava ter. Eu estava muito confiante sobre o melhor de cada um, existia a dedicação de cada um, existia a força necessária para empreender na batalha da desconexão e do descontamento.

Meu olhar foi mais profundo, precisei sair da superfície. E assim, também aproveitei a ocasião para despertá-lo e lhe dizer que a experiência me havia ensinado a diferença entre ser uma líder excelente e, uma empresa aprovada, sendo marcada por coisas intangíveis, como a compaixão, a motivação, a compaixão, o sentimento de comprometimento e dentro do maior princípio de AMOR racional, que quando aplicados, conduziram o modelo intencional para um sucesso sustentável.

O compromisso de encarar o desafio

Como plano inicial, acreditei que não seria possível trabalhar todos os hábitos de uma só vez, embora tivesse casos específicos e pontuais, fui tentada a querer com a tendência de *fazedora*, resolver tudo da noite para o dia, mas por mais que eu quisesse, minha força tinha ido embora, não era mais habilitada para liderar uma operação desenfreada, então tínhamos seis meses como prazo estipulado para gerar um novo ambiente, um novo tempo.

Após os resultados da pesquisa inicial em minhas mãos, já tinha como plano trabalhar de forma submersa, ali estava a maior vantagem identificada, estava a excelente disposição da equipe de trabalho, que possuía grande sentimento de responsabilidade e disciplina para fazer acontecer algo novo.

Uma espécie de poda estratégica, de conduzir as ações, não só uma promessa virtuosa e, sim, um esforço sério e rigoroso para seguir principalmente na rota dos obstáculos, porque os contratempos fazem parte de um preparo essencial. Como impulso vital é ter foco, ele me permitiu que concentrássemos toda a nossa energia em uma situação de cada vez. Eu fui extremamente trabalhada na impaciência, aprendi a traduzir que necessariamente não faltaria ação, mas precisava respeitar os passos, porque o sucesso viria pela fé e pela paciência, sem desistência.

A técnica utilizada para remoção dos maus hábitos, como práticas degradantes foi a seguinte:

Assim como as práticas são formadas e precisam ser anuladas e modificadas com repetição, desenhei um plano, dando foco nos vícios mais degradantes, posicionados como maiores agressores com risco à saúde mental, desde só tratar, mas também libertar aqueles que precisam buscar seus novos significados em outros cenários que não fossem aqueles.

Desenhamos as necessidades de novos comportamentos e atitudes, e começamos a trabalhar a repetição diária, até que as novas ações fizessem parte de quem as realizava, sendo feitas de forma inconsciente, como uma demanda habitual. Especialistas dizem que a formação de um novo hábito acontece entre 21 e 30 dias, e sobre essas referências, organizamos nossas conquistas.

Um pacto para o encorajamento diário Um por todos e todos por um

Se não ficasse bom para um, não ficaria para ninguém, o senso era de coletividade, os propósitos e significados precisavam estar em uma única direção, assim um pacto em comum acordo foi ajustado:

1. Renunciar de forma individual à sua percepção e do seu próprio hábito.

2. Escutar e acolher a visão dos pares de trabalho quanto ao seu hábito.

3. Escutar e acolher a visão dos líderes ou gestores.

4. Estar inteiramente comprometido e disposto a sair de uma zona confortável por um período, se necessário.

5. Muito cuidado com o tratamento sobre o seu próprio hábito.

6. Um pensamento positivo e cheio de fé em relação ao processo de libertação.

7. Acreditar, mesmo quando não houvesse resultados imediatos.

8. Concentrar-se sobre os comportamentos relacionados e começar a romper os padrões, logo de início, em um único e maior hábito.

Além de nos concentrarmos em superar as dificuldades humanas, indiretamente, os movimentos começaram a mudar e dar sinais na melhoria de atendimento, produtos, serviços e fornecedores. A postura estava mudando, os sinais vitais já não eram os mesmos. *Me* sinto feliz em poder dizer e colaborar com esses resultados nessa etapa, porque ainda não falamos só de resultados.

E fora isso, quero continuar primeiro dando os parabéns para mim, afinal demorei muito para chegar até aqui, e também a você. Acredite que você está no caminho certo e tudo que foi infrutífero um dia, será a resposta a tudo isso que estamos produzindo e construindo.

O plano de ação

e os objetivos estratégicos.

O vicioso precisava se tornar virtuoso.

Acessando a dor

O hábito de confiar: Fazendo acontecer

Todo exame tem uma parte colaborativa para um bom diagnóstico, e aqui no nosso resultado encontrei grandes gargalos, paralisias e bloqueios na operação, pela falta de confiança, um excesso de julgamentos e principalmente muita invalidação em todos os sentidos humanos e relacionais.

Só quando estabeleci que confiar deveria ser uma prática, estabeleci junto um novo tempo, uma espécie de destrave organizacional. Não existem empresas 100% curadas, afinal não existem empresas perfeitas, mas gerar movimentos que possam gerar imunidade organizacional, foram as minhas prioridades de execução.

Aumentar as chances do negócio junto a todos que estavam comigo, incentivando-os a produzirem mais, com satisfação e realização era o foco. E nessa busca podemos acreditar que, assim como as doenças, se não tivermos o correto diagnóstico, e o devido tratamento, elas se agravam e podem chegar à morte, o meu ambiente apresentava áreas mortas. A boa notícia é que o diagnóstico me trouxe luz, e a má notícia é que nesse período sofri, sim, constante pressão e tentação para desistir e desviar de tudo o que havia idealizado. **E nunca me esquecerei que:**

"Dar exemplos não é a melhor maneira de influenciar os outros, é a única."

(Alfred Schweitzer)

Ou seja, precisei colocar em prática a minha cura, e essa será a sua maior dificuldade se tiver áreas mortas no seu negócio: prepare-se para ser o exemplo de tudo aquilo que almeja. Foram duas as oportunidades sobre o hábito da confiança, falando sobre mim e sobre todos aqueles que estavam comigo, porque mais curioso é achar que podemos confiar nos outros, sem antes reconhecermos e tratarmos a nossa própria identidade abalada pela falta de confiança. Detalhei melhor essa etapa no tempo de crescer. As escrituras estão repletas de orientações.

Filipenses 4:13 nos direciona sobre nós mesmos.

Tenho força para todas as coisas em Cristo que me fortalece (estou pronta para qualquer coisa através dele, sou autossuficiente na suficiência de Cristo).

Jeremias 17:5 nos direciona sobre o outro.

***Nos* lembra da importância de uma confiança equilibrada. Enquanto confiar cegamente no homem traz maldição, colocar nossa confiança suprema em Deus nos traz bênção. A idolatria da confiança no homem pode nos desviar de Deus e levar à decepção.**

Não seria nada sábio da minha parte não quebrar o egoísmo, na geração de poder que existe nos negócios. O comportamento soberbo de querer tratar os que estão no negócio (abaixo da hierarquia de poder), antes de sermos tratados.

Aqui um belo cenário do motivo pelo qual nós somos conhecidos pelos frutos muitas vezes bem indesejados. Almejamos a mudança, mas muitas vezes o orgulho não nos permite a mudança. Queremos a confiança, mas não nos permitimos confiar. Nessa etapa, ou eu atropelaria o orgulho ou evitaria a queda lá no objetivo final.

Tome uma grande decisão empreendedora: um plano profundo foi necessário para expandir deficiências de libertação e liberdade.

Ordem, organização e limpeza

Reconheça talentos:

Ordem: comportamentos apáticos, questionamentos improdutivos, desleixo, falta de profissionalismo ou irresponsabilidade.

Organização: quem são os jogadores e quem são os torcedores.

Limpeza: ative reconhecendo os que precisam ficar e liberte os que precisam ir embora. O ciclo vicioso mantém comportamentos que desvalorizam o que pretendemos valorizar. E o ciclo virtuoso atrai e traciona valores de alto desempenho, nos quais podemos eliminar a maioria dos controles de falta de confiança.

Quanto maior for a transparência e assertividade em ativação e libertação, maior será a liberdade de confiança que vamos precisar oferecer.

Se todo mundo que cruzasse o seu caminho trouxesse o seguinte dizer na testa: "Faça me sentir importante"

O que você faria?

Mary Kay

Estimule a transparência e a sinceridade

Todos nós precisamos de encorajamento regularmente, esse é um dos melhores hábitos que coloquei em prática nesse tempo de construção; são tantos os conselhos e sugestões para reconhecer, incentivar através de presentes, promoções, bajulações .... Tudo sobre o que é feito de forma tangível, mas muito menos o que é intangível.

Nessa esfera organizacional, o humanismo que é forjado a se transportar para um cenário tão racional com os números, que afoga essa necessidade humana e os talentos que quando reconhecidos trocam verdadeiras pérolas uns com os outros. Eis aqui produzir em amor, reconhecer pelo amor, precisamos dessa semente, amar e sermos amados.

Caro líder empreendedor, será necessário um ajuste das capacitações. Acredite, se assim o fizer, o amor trará o fruto da alegria, da paz, da paciência, da bondade, da gentileza, da cordialidade, da mansidão, do domínio próprio, do autocontrole, do desempenho e na prosperidade em todos os âmbitos desejáveis. Vejamos:

1. Reconhecer o seu próprio valor e entender-se nas necessidades dos outros.

2. Ouvir ativamente nosso ciclo de trabalho, dar sentido ouvindo as narrativas, com perguntas que deem sentido às perguntas, clarificando através de espaço seguro.

3. Abrir-se ao outro com um coração gentil, com tempo e interesse empático.

4. Energizar os colegas com uma presença ativa e positiva.

5. O amor está pronto para acreditar sempre no melhor de cada pessoa.

Fácil?

Não, não foi, não será e não está sendo para mim nesta etapa da jornada, mas lembre-se que o hábito é formado por repetição, portanto, concentrar-se em praticá-lo todos os dias tem sido a chave que vem me abrindo muitos corações. Desperte sua criatividade e encontre formas de fazer isso, e perceba os controles tradicionais que já começaram a ser reduzidos.

Por aqui, saio da minha cama declarando que meu coração soprará pela minha boca palavras benditas a todo mundo que encontrar, e quero encorajar você. Se para mim foi possível, como uma executiva pouco sensível, será para você também.

Este programa que estou aplicando aqui, me faz trabalhar o egocentrismo, porque boa parte da infelicidade é sobre essa maneira egoísta de lidar com os movimentos de trocas diárias, e qualquer coisa que façamos para evitar isso em nossa vida será uma grande vantagem. Como disse, o meu comportamento *fazedor* que traduz um temperamento de uma colérica, executora, sempre me colocou em movimentos mais frios, e muitas vezes me senti culpada por me sentir invisível e até indiferente às necessidades e aos desejos de outras pessoas, mas fui verdadeiramente confrontada e venci, com a ajuda de Deus.

Estou certa de que, pela jornada, cometi erros como um dos meus pontos fracos, e só quando reconheci e renunciei, passei a enxergar tudo aquilo que antes não era visto. Encorajo você, se o ambiente está hostil, apático, sem vida, nada do que eu trouxer como ganho nas próximas páginas irá reverter esse cenário, admita, e comece agora mesmo a vencer com a ajuda de Deus. Você e Ele podem fazer qualquer coisa juntos!

Pelas escrituras nos é confiado como grande poder encorajar e acrescentar valor a todos que encontramos, e por esse motivo temos grandes oportunidades em começar o nosso dia! O mais precioso de tudo isso é que temos ações que dinheiro nenhum no mundo pode comprar, e faço questão de trazer aqui para você.

Reconhecer alguém que lhe ajudou de alguma forma e agradecê-la.
Reconhecer publicamente, dando os créditos à pessoa realizadora.
Reconhecer algum fato que prometeu, e não cumpriu, pedir desculpas, e resolver.
Reconhecer a boa obra, e ter a compreensão em não revelar a vulnerabilidade do outro.
Reconhecer um talento e dedicar uma música, poema ou um livro a alguém.
Reconhecer quando houver algum desequilíbrio na prioridade de alguém: Fé, Família e Carreira (ajustar gestão de tempo).
Reconhecer palavras mal colocadas e pedir desculpas.
Reconhecer a falta de atenção e organizar um tempo para conhecer alguém melhor.
Reconhecer três coisas pela qual você é grato para algum dos seus pares de trabalho.
Reconhecer que precisa de ajuda e pedir uma opinião a alguém mais experiente.
Reconhecer que errou, pedir perdão e estabelecer a paz entre vocês.
Reconhecer ou ajudar alguém quanto a preconceitos que limitam o aprendizado.

Os indicadores que trouxe há pouco sobre saúde mental e o aumento das desordens nos ambientes organizacionais *me* faz refletir como maior desafio a conexão de mão de obra, e o tão quanto profundo é pensar que o ciclo de atração, seleção, contratação, integração nos traz um grande investimento de tempo e também financeiro; não há curriculum, experiência ou títulos que possam refazer ou *resetar* um coração sem sinais vitais.

Todos nós precisamos ser encorajados, enquanto percorremos a nossa jornada, e mais curioso é achar que vamos receber aquilo que muitas vezes não damos. Explicando melhor, não fazemos parte de forma significativa de um movimento que gera impulso para toda cadeia empreendedora. O mundo está escasso de encorajadores, e realmente não é algo que o empreendedor coloca como prioridade na sua gestão.

Aqui fica o meu encorajamento para você. Estamos nos esforçando para sermos um case de sucesso nesse movimento empático e assertivo e quem sabe possamos contar com a sua preciosa ação para movimentar validações e encorajamentos como o bálsamo que curará muitas feridas neste mundo, e só assim teremos pessoas certas, no lugar certo, apaixonadas pelo que estão fazendo.

A retirada dos controles e o ganho da confiança estão claramente traduzidos na formação de identidade organizacional de liberdade com responsabilidade.

Seguimos submersos

acessando as dores organizacionais:

30 dias de plano de execução

Sintomas do desamor

Decorridos 30 de um plano de 100 dias, apostei a maior parte do meu tempo focando nos sintomas, a minha mentalidade já era de autora, isso significa que não buscava culpados para as disfunções encontradas, afinal, a competência precisa balizar o planejamento realizado em cima do diagnóstico inicial, gerando a capacidade de melhorar ou transformar aquilo que não estava dando certo.

Sair da reclusão, e me colocar à disposição, entregando as ações primeiramente a Deus, e depois utilizando as força do amor foi a melhor estratégia que eu poderia utilizar, os resultados começaram a serem surpreendentes. Deixo essa parte para o último capítulo e conto nessa etapa o processo.

Nesse tempo, de uma forma honesta, continuei utilizando os indicadores como o termômetro do ambiente, os números confessos, que já não eram inicialmente o meu principal foco; eu estava mais submersa e empenhada para catalisar e desenterrar a integridade de todos aqueles que estavam comigo. Nessa etapa, já tínhamos passado pelo ciclo de desligamentos, evitando novas contratações até que estivéssemos com as etapas da ordem, da organização e limpeza terminadas.

Reconhecemos os talentos que apresentavam sentimento de realização e significado junto à nossa identidade como marca, cultura e propósito, mas havia ainda um grande trabalho a ser desenvolvido, afinal, todo projeto experimental inclui etapas, sucessos e fracassos:

Na primeira etapa, quanto ao posicionamento de confiança, as tomadas de decisão para evitar a contribuição ao desamor foram baseadas em:

- Violação de valores fundamentais.
- Bullying e assédio verbal percebidos.
- Má seleção de talentos, tanto para formação da nossa necessidade como para a empresa, e a necessidade de libertar o talento para ser efetivo na sua maior verdade.

Nessa segunda etapa restou a outra metade, para os próximos 60 dias de trabalho, já identificados.

- Falta de honestidade e transparência na abertura para feedbacks.
- Conflitos existentes eram provenientes de egos e choques de personalidade.
- Fadigas e cansaços gerados pela falta de trabalho em equipe.
- Excesso de controle em alguns departamentos.

Com certeza, você já passou por terrenos em construção. E, geralmente, vemos tapumes que cercam o que está sendo construído, tamanho barulho, poeira, quebradeira e sujeira que podem atingir quem passa por perto mesmo assim, protegendo para que ambos os lados fiquem em segurança.

Quem está dentro e quem está fora. Acho que claramente posso usar esse exemplo para este tempo. Proteger a visão como fundação e ao mesmo tempo continuar ajustando pessoas felizes e motivadas sobre o propósito do Grupo.

Quero relembrar o Método utilizado na coleta de dados.

O mais simples e mais profundo possível:

- Ouvindo mais e falando menos.
- Observando mais e controlando menos.
- Refletindo mais e julgando menos.
- Conectando mais e desconectando menos.

Um sintoma do desamor
A semente da falta da confiança

Falta de honestidade e transparência na abertura de feedbacks

Escute esses sinais vitais do medo

MN, 2023

Mãe de 2 crianças menores, separada e responsável pela gestão financeira da casa. Apresenta comportamento exemplar no cumprimento de demandas, quando direcionada. Sem direção, não avança com execução.

Sou insegura. Não tomo decisões porque tenho medo de que elas não deem certo, e eu perca meu posto de trabalho. Quero ardentemente ter valentia, desembaraço, ânimo, assertividade, arrojo e bravura. Quero ser mais ousada, mais atirada, mais destemida. Sei todas as palavras, mas não tenho ideia de como colocá-las em prática. O que me falta. Confiança em mim mesma? Ou será que ser excessivamente temerosa, como sou, é mais prudente?

Insegurança, inquietação, desconfiança e a revelada infelicidade de MN, com receio de dar opinião e de se relacionar com figura de autoridade anulam a expressão do seu ser, para não correr o risco de ser dispensada. Cala-se em nome da recompensa financeira, para proteger sua dignidade de segurança da responsabilidade familiar.

Psicóloga especialista em gestão colaborativa organizacional:

Uma cultura do medo não favorece a iniciativa, nem a criatividade. Um estado de alerta constante por suspeitar de riscos de desligamento.

Nas reuniões, são debatidos temas que, para serem resolvidos, implicam na participação de todos os presentes, mas pela inibição, uma passividade na comunicação durante as narrativas, nem todos participam, com medo de se exporem e, posteriormente, serem alvos de retaliações.

Uma toxicidade, que colabora para um comportamento altamente nocivo, que é o silêncio por inibição. Para o bem ou para o mal, as pessoas deixam de falar por medo de expressar. Eu mesmo senti na pele o embaraço do clima de desconfiança, a falta de honestidade na expressão e na opinião.

Desamor e seus riscos assumidos:

A promoção de uma morte lenta da cultura e do ambiente organizacional.

Um sintoma do desamor
A semente da falta de assertividade

Fadigas e cansaços gerados pela falta de trabalho em equipe.

Escute esses sinais vitais do excesso de demandas

JK, 2021

Solteiro, sem filhos. Mora com os pais. Apresenta comportamento exemplar no cumprimento de demandas, não precisa de direcionamento, tem senso de iniciativa, agilidade e criatividade, mas apresenta dificuldades em se comunicar e de se inteirar com a equipe.

Confesso que não gosto de ter que ficar explicando várias vezes as mesmas coisas, vejo que existe falta de profissionalismo, o meu colega sabe que precisa ser feito, e não faz; reconheço que às vezes poderia ter mais paciência, mas fico cansado só de pensar que já falei algumas vezes. Em casos assim, procuro me recuar e evitar novas interações.

Cansaço, fadiga, atrasos, conflitos, questionamentos improdutivos, desconfiança, queda de produtividade, insônia, enxaqueca, ansiedade anulam a expressão do Ser, uma espécie de desistência, faço porque se não fizer ninguém irá fazer.

Psicóloga especialista em gestão colaborativa organizacional:

Uma espécie de um falso ambiente positivo, onde todos sabem que uma hora o problema chega, mas ninguém reconhece e assume o papel da mudança. Poucos se dão conta de que colaboramos com os fatos, porque utilizamos filtros para enxergar os fatos de maneira parcial.

Desamor e seus riscos assumidos:

A utilização de filtros que distorcem a realidade, porque, inconscientemente, criamos roteiros mentais falhos pela falta de conhecimento. A falta de entendimento, reconhecimento e clareza dos pares de trabalho, mortificam relações.

Um sintoma do desamor

A semente do esforço para lucro e resultado

Ausência de conexão de significados na pressão por resultados.

Escute esses sinais vitais da pressão

Al, 2024

Casado, sem filhos. Mora com a esposa. Apresenta comportamento exemplar no cumprimento de demandas, não precisa de direcionamento, mas apresenta dificuldades em perceber e apresentar todos os detalhes do produto que representa, gerando falta de argumentação.

Quando chega perto do final do mês, a impressão que tenho é que minha vida para. Não consigo dormir, chego de mal humor, meu cabelo começa a cair, minha pele coça, eu começo a comer mais, tenho dores no peito, dor de cabeça, tonturas, zumbido no ouvido, fraqueza, visão embaçada e sangramento nasal. Perco todo o sentido.

Pensamento acelerado, estresse, ansiedade, frustração, a falta de clareza na cadeia real de valores. O comportamento robótico e automático, gerado pela pressão, faz com que se perca realmente a noção do que é necessário ser feito.

Psicóloga especialista em gestão colaborativa organizacional:

É preciso mudar o modelo mental e a forma de agir, não basta pensar na venda por venda, no resultado pelo resultado, cada vez se faz necessário vender com significado, o que não elimina a existência de metas, mas altera significativamente o modo de atingi-las.

Desamor e seus riscos assumidos:

O hábito de se olhar o meio para atingir os fins. Mais do que gostar de vendas, ou até pelo retorno financeiro, é necessário se ter clareza da transformação que ela gera na vida das pessoas.

Um sintoma do desamor
A semente da competição não saudável

Competitividade não saudável

Escute esses sinais vitais da competição não saudável

T.O, 2024

Solteira, sem filhos. Mora sozinha. Apresenta comportamento exemplar no cumprimento de demandas, não precisa de direcionamento. Mas apresenta comportamento antiético, quando é necessário repassar atendimento realizado por outros colegas.

Sempre adorei bater metas. Só não acho justo ser penalizado, porque a equipe não me acompanha. As campanhas são fracas, porque não posso conduzir da minha maneira. E no final do mês, eu que sou penalizado na minha comissão.

A luta pelo poder com foco de perfil mais carreirista, busca subir na carreira de forma individual, porque o foco principal é ganhar, mesmo que alguém tenha que perder.

Psicóloga especialista em gestão colaborativa organizacional:

Contratações baseadas em perfil competitivo, mas não amparado por uma cultura clara e intencional, meio como um plágio de ideias, sem a devida autorização e/ou própria referência. Há uma ausência e deficiência na abordagem com perspectiva ganha-ganha para um cenário mais saudável com perdas e ganhos para todos. O limite imposto para ganhos mútuos.

Desamor e seus riscos assumidos:

O sentimento gerado não é acima do que se vende, mas do se defende, o vendedor com significado também cuida do produto, do serviço e de todos aqueles que estão na experiência. Todos perdem quando uma venda com significado não é feita!

A ideia inicial foi coletar hábitos e de forma intencional realinhá-los. Quando em princípio olhei o objetivo a longo prazo, percebi o risco de perder a energia pelo meio do caminho, porque conforme começamos a acessar hábitos que não eram bem-vindos, determinei que não perderia a confiança primeiro em mim, e depois neles, e que não seria possível cumpri-las, além de mantê-las energizadas para essa grande mudança.

E, com certeza, falar abertamente foi um dos recursos que eu utilizei para criar uma troca empática e assertiva. Mas o verdadeiro teste para mim era cuidar da minha reação recém-transformada, quando realmente as pessoas falavam com abertura. Essa solicitação de participação de fato construiu um ambiente diferenciado em segurança.

Até mais que apenas assertiva ou empática, ouso ir além, como uma construção produtiva, que começa a ligar os pontos de maneira especial.

Eu me coloquei à prova, nessa conversa inicial dos 60 dias, e as minhas pequenas decisões, em eliminar os maus hábitos, mesmo por pequenas decisões, gerariam grandes mudanças. Essa certeza eu tinha dentro da minha mentalidade, não pelo meu talento, mas pelo meu comportamento, porque o que mais observamos não é o puro acesso ao talento, mas pelo simples comportamento de ambos os lados que destroem o caminho do próprio talento. A realidade era clara, fazer com que o amor cuidasse do desamor. E como seria feito?

Desenvolvendo relacionamentos radicalmente sinceros, afinal, um ótimo ambiente de trabalho não é composto por pessoas perfeitas, mas por pessoas incríveis.

São poucas as referências das quais o progresso não depende de relacionamento e, sim, de poder. Sei que é a pergunta mais dolorida ou soa até como um desafio já tentado: O que posso fazer para desenvolver rapidamente um relacionamento com cada um deles, já que fizemos o filtro da libertação e da ativação e eles são os que ficaram? Agora tinha que me colocar à prova, estabelecendo a confiança.

Não sei a quantidade de pessoas à sua volta que estão sob sua responsabilidade, mas não deixei que isso me impedisse de começar a trabalhar os sintomas do desamor.

Selecionei por setores onde as dores eram mais gritantes, precisei ordenar o meu próprio receio, afinal ele não iria ditar o ritmo dos meus passos, anulei a minha própria resistência e segui firme em frente. Quantas vezes eu olhei e precisei fechar os meus olhos, porque se fosse por tudo que estivesse vendo, com certeza, não daria nenhum passo. Mas eu acreditava nesse círculo virtuoso, acreditava no reforço, na troca, no conhecimento, e como força vital para definir esses relacionamentos.

O conceito de amor corporativo não é romantismo, é sacrifício!

Após coletar, observei, sem grandes complicações, um dos maiores gigantes, que é e sempre será se não um dos grandes obstáculos de uma cultura firmada em confiança, a capacidade de **"comunicação".**

Essa habilidade pode florescer ambientes, mas também pode adoecer. Longe de trazer regras absolutas, eu queria mesmo era, com cuidado e cautela, deixar de lado aquela capacidade puramente operacional, sendo um pouco mais do que **"meramente profissional".** Encorajar todos aqueles a compartilharem mais do que apenas minha figura profissional. Encorajar todos a fazerem o mesmo. Quebrar a tendência, achando que é algo proveniente de um dono de negócio, com isolamento humano, preso a preocupação com a capacidade das pessoas de dar conta do trabalho, era intencional querer mais que isso, identificar que todos estavam ali, sem máscaras, perdidos no padrão cultural. Existia uma busca da minha parte, uma dimensão bem submersa, mais humana. Falar de comunicação parece fácil, exercer então, se deixarmos, nos perdemos nela.

O amor corporativo não é emocional, É racional, não depende de favorecimento!

Então, percebi que se eu não me colocasse uma espécie de confronto positivo, não teria chance apenas utilizando a comunicação como ferramenta. Isso envolvia dizer às pessoas quando a execução não estava boa, mas também quando estava. Teria que ser boa em me importar pessoalmente e ao mesmo tempo confrontar diretamente. Foi essa a chave que utilizei para desenvolver a confiança, abrindo as portas com a comunicação que me fizeram atingir os resultados que havíamos traçados. Passamos a ter sobre um cenário de desacreditação, traumas, palavras malditas, paralisias, bloqueios, fazendo com que as pessoas acreditassem que eu, a empresa, a nossa cultura ainda se importavam com elas.

Vejamos aqui minhas novas coletas:

Só é capaz de utilizar
o amor como
princípio, quando
não utilizado como
moeda de troca.
De resto
é amizade,
coleguismo...

Um sintoma do desamor

A semente da ausência da comunicação como escuta ativa

O hábito de ouvir as pessoas não era uma prática; primeiro não era vista como prioridade, depois não era vista como necessária. Quando se ouve, não existe foco, importância e, na maioria das vezes, o tempo era o culpado de tudo. Não se ouve para compreender e, sim, para se responder e se defender. Uma realidade que não abre portas para a reciprocidade. Uma espécie de ato unilateral, com juízos de valores e mal entendimentos.

Escute esses sinais vitais da falta de diálogo

O.F, 2023

Quando tenho a oportunidade de ser ouvida, além do receio de entregar tudo que não me agrada com os meus pares de trabalho, recebo de volta uma espécie de confronto, como se eu estivesse querendo fazer algum tipo de confusão.

Desamor

O hábito de uma escuta deficiente, faz com que se percam as boas ideias, a curiosidade, os desafios, a inovação, a motivação de quem não é ouvido e considerado.

Um sintoma do desamor

A semente da ausência da comunicação como confronto direto (Feedback)

Ausências de prática, ausência de transparência, ausência de prioridade, ordem e organização nesse hábito saudável, ausência de confronto direto, ausência de conhecimento sobre a condução da prática. Críticas muitas vezes ácidas, com ataques à identidade pessoal, ao invés de foco nos comportamentos observáveis.

E uma ação mais desafiadora, com a falta de transparência e honestidade (terceirização e envio da informação por outra pessoa).

Escute esses sinais vitais de transparência

P.F, 2023

Fico fora do eixo, quando recebo por uma pessoa, uma orientação corretiva, sem ter a oportunidade de dizer quais foram os pontos que levei em consideração.

Desamor

O hábito de não utilizar a possibilidade, como a arte de se importar com alguém. O amor corporativo não está relacionado com perfeição e, sim, com motivação. O aumento da acumulação de erros pela falta da prática de feedback gera desânimo, frustração e desgaste, por se repetirem os mesmos erros num círculo vicioso.

Os sinais vitais

começavam a mudar

100 dias de plano de execução

Quando algo está prestes a nascer

O cenário mais desejado por anos e por muitas empresas se tornou indesejado, uma espécie de dor crônica identificada pela falta de vida das pessoas. A imunidade dos ambientes estava afetada pela sobrecarga e pelo próprio posicionamento robótico de Ser. O controle como ação na falta de confiança, colocava à prova os resultados, tanto de gente como de resultados.

E onde está a esperança?

Precisamos começar a reconhecer que as pessoas são mais importantes do que os processos. Se não o fizermos, estaremos destinados ao fracasso. Em ambientes onde não há incentivo para que as pessoas expressem sua capacidade colaborativa, corremos o risco de sermos substituídos por máquinas. Não encarar essa realidade como parte do processo e depositar toda a esperança na inovação, que nos traz robôs como alternativa, não é a solução. Devemos encarar a verdade ou então estaremos presos em um sistema sem vida.

"De longe, toda árvore parece ter fruto!"
(Marcos 11)

Uma vida sem causa, será uma vida sem efeito.
(Barbarella)

Que bom estar aqui com você fazendo parte, deste tempo de decisão, e sei que tudo deve estar parecendo um tanto confuso, mas estar submerso ainda é necessário. A profundidade irá fazer com que possamos enxergar e ouvir com cuidado tudo aquilo que a superfície não nos permite.

Espero que nesse tempo você já tenha entendido que passamos por fases, e que não pretendo mais ficar terceirizando aquilo que só eu posso fazer, afinal, como disse, estou posicionada como autora deste lindo projeto.

Nesta fase, já não estou mais pensando em desistir daqueles que estão em velocidade diferente, já cuidadosamente decidi, em comum acordo, quem seguiria conosco nesta nova fase, então, não posso mais ficar olhando para trás. Essa constância contribuiu de forma extremamente gratificante ao meu modelo, o elo está diretamente ligado ao empenho do cuidado.

Já quero tomar a liberdade de apresentar frutos de uma jornada que expressa colaboração. Ufa! Estamos respirando bem, obrigada, e muito mais leves.

Não era mais sobre "**Mim**", era sobre "**Nós**".

Somos diferentes, sim, somos! Quem diria que um dia, eu fosse encher a minha boca para falar isso, e falar com gosto, com alegria e cheia de motivação.

Gestão por competição	**Gestão por colaboração**
Estrutura por hierarquia (indivíduo)	Estrutura de time (distribuído)
Valorização de cargo	Respeito pelo papel
Valorização de currículo (experiência)	Valorização da contribuição (entrega e resultado)
Valorização da diferenciação	Busca de igualdade e oportunidades
Incentivo pelo medo	Incentivo pelo amor
Estímulo a raiva (agressividade)	Desenvolvimento de empatia
Escassez (poucos chegam ao topo)	Abundância (todos têm oportunidade de estar no topo)
Incentivo pela recompensa	Desenvolvimento da gratidão (comemoração)
Valorização da execução	Valorização da priorização

Um alerta: só um coração rendido poderia enxergar tudo aquilo que seria impossível apenas aos meus olhos. Quero lhe dizer então, que toda essa convicção foi concedida no coração.

Passar pelo processo de caos, de dor, de enfraquecimento, mas saber que temos grandes possibilidades de fazer novas programações, novas intervenções e novas mudanças, de fato, me enchem de esperança.

"Para tudo há uma ocasião certa, há tempo certo para cada propósito debaixo do céu."

(Eclesiastes 3.1)

Outro dia encontrei uma amiga minha da época de faculdade, em uma reunião de congresso, e ficamos trocando figurinhas sobre o papel de esposa, de mãe, falamos sobre a casa e tocamos no assunto sobre nossa carreira. Vi uma certa angústia, sobre uma inquietação referente a frustrações de expectativas, em relação a ela e sobre a sua própria família.

Havia desde sua formação, apenas trabalhado como regime CLT, sem avanços como empreendedora, vi essa marca pesada em suas palavras. Quando fui me despedir, ela tirou uma foto nossa, e na legenda escreveu: "Ela, pronta e eu, no processo". Uma frase que me marcou, porque conhecíamos a nossa história, mas em tempos diferentes, de maneiras diferentes, com resultados diferentes. Sabe por que quis contar isso?

Porque, muitas vezes, não entendemos que é necessário passarmos pelo caos, pela distração, pela pressão, pela desconexão. Tudo é relevante e necessário, o processo não é feito só de vitórias e conquistas, o processo precisa ser feito de aprendizado, tudo no seu tempo. Talvez você olhe a minha história, as minhas mudanças de fases, e como fui me rendendo a cada uma delas, e me veja pronta, e se olhe e se dê conta de que está no processo, e se bater essa dúvida como forma de desencorajamento, eu quero lhe dizer que é apenas um tempo necessário. Renda-se ao processo de ordem, organização e limpeza. Eu cheguei e já estou desfrutando, vamos celebrar por isso, e você está no processo, rumo à chegada, acredite.

E não só para mim, mas em outras organizações, o modo submerso é a única maneira que temos de enxergar com mais profundidade. Pessoas e seus sonhos, seus medos, suas ansiedades, suas necessidades. Quando deixei de perceber a organização como número e passei a perceber suas profundidades entendi porque hora colhíamos fruto, hora colhíamos folhas.

Vejo empresas, com CEOs experientes, muito bem resolvidos com a própria gestão, mas quando analiso seus indicadores, volto e submeto ao meu tempo de preparo. Estar nesse tempo, com presença, não pode ser por comparação ou por frustração. Estar pronta para entender que quanto melhor forem as relações, mais poderoso será o nosso negócio. E essa visão exige muita maturidade.

Sendo assim, se a sua gestão ou a sua carreira não estiver dando frutos, aprenda a administrar sem copiar, sem a necessidade de tentar fazer igual. Saia do modo *fazedor*, vença a sua estação, o seu momento. Porque o padrão Ctrl+ C- Ctrl+ V, não servirá para você. Se estiver comigo, quero lhe apoiar nessa jornada de aprimoramento. Quero apoiar aqueles que serão o centro da empresa, junto ao processo de lucratividade e produtividade. Nessa profundidade, dedicar energia e esforço para sermos especialistas em identificação de potenciais talentos. E de verdade, uma coragem em dizer que não existem pessoas erradas. Longe de medir apenas o que o colaborador sabe, mas avaliar o que ele sente. O que havia dentro daquelas expressões insatisfeitas e, muitas vezes, improdutivas.

Dessa forma, nesta etapa, minha dedicação foi além das minhas próprias expectativas. Eu que sempre tive um talento nato para liderança de processos – e falo isso sem dor – precisei despertar uma liderança por pessoas, e mais, precisei inverter a ordem de prioridades, e melhor dizendo, no passado diria que haveria encontrado a melhor estratégia, mas hoje digo: não foi sobre estratégia, foi sobre decisão, sobre posicionamento.

Digo que passei pelos níveis de maturidade de uma líder:

Nível 1: Eu me conhecia como líder e meus pontos fortes me guiavam.

Nível 2: Eu me conhecia como líder e despertei na equipe os seus pontos fortes.

Nível 3: Eu me conhecia, eles se conheciam, e entre si se conheciam também.

Quando a decisão aconteceu, sabíamos que precisaríamos melhorar a nossa capacidade e nosso conhecimento, continuar dentro de uma bolha do padrão empresarial, contribuindo ao movimento de fazer com que as pessoas continuassem sendo aquilo que não são, não fazia mais nenhuma parte dos nossos planos como empresa.

Firmamos uma parceria com duas plataformas de pesquisas comportamentais, o que representou o maior divisor de águas nos nossos planos de ativação e libertação. Compreendemos que formação, experiência e habilidades são características importantíssimas e que as estratégias vão dar super certo quando, de forma intencional, entrelaçarmos esse conjunto de necessidades com a característica natural de ser.

A integridade em não mascarar uma essência perfeita, mas, na maioria das vezes, muito mal posicionada.

Os pontos a serem exaltados de cada parceiro e colaborador foram considerados o maior ativo financeiro da organização e os pontos fracos como uma espécie de despesas que precisaríamos reduzir.

Sem ignorar tudo o que precisava ser visto, o cenário começou a ganhar mais autoridade, mais verdade, as máscaras começaram a cair, víamos comemoração ao se descobrirem pontos fortes, afinal, muitos não entendiam porque são como são. Durante a criação, ou a própria formação não tinha sido despertado seu ponto forte de valor.

Peter Drucker, o pai da Administração Moderna nos afirmou:

O desempenho de alguém só pode ser baseado em seus pontos fortes. Não é possível aprimorar o desempenho recorrendo às fraquezas, muito menos a algo que a pessoa não consegue fazer.

Ele também afirmou:

Para ter sucesso neste mundo novo, precisaremos primeiro aprender quem somos. Poucas pessoas, mesmo entre as mais bem sucedidas, conseguem responder a essa pergunta: Em que você é bom? O que você precisa aprender para extrair seus pontos fortes? Poucos sequer já se perguntaram essas coisas. Imagina se fôssemos construir todos os treinamentos, com objetivos de consertar pontos fracos ou desenvolvendo, potencializando e aplicando seus pontos fortes?

E indo mais além, como a maior oportunidade em chegar nesse nível 3, foi enxergar a integridade acontecendo de maneira real, essa tal ciência provou para minha jornada que tudo começa em nós mesmos, depois no outro, e depois com os outros.

Vou de uma forma mais superficial apresentar um dos testes que utilizamos para que fique mais claro como elaboramos a estratégia de potencialização.

Utilizando minhas experiências e me aprofundando em pesquisas, reuniões com neurocientistas e psicométricas, além da minha observação meticulosa da natureza da *psiquê* humana, utilizo a metodologia principal e outros dois de apoio, com bases 100% científicas:

O **Disc:** metodologia de avaliação psicológica, criada para identificar e mapear traços do perfil comportamental de uma pessoa.

O **Clinfton Strengths:** metodologia de avaliação que envolve avaliação de 34 tendências de personalidade. Talentos ou talentos inatos, com variações nessas 34 tendências que incluem pontos fortes, como: realização, competição e pensamento estratégico.

O Big Five: leva em conta fatores independentes, e é um teste de avaliação comportamental que permite avaliar os indivíduos de acordo com cinco fatores: abertura para o novo, capacidade de autocontrole, habilidade em interação com pessoas, demonstração de empatia e instabilidade emocional.

Além disso, levei em consideração o que chamamos de mundo VUCA, que significa Volatility, Uncertainty, Complexity e Ambiguity. O conceito foi criado pelo Army War College, dos Estados Unidos: volatilidade, incerteza, complexidade e ambiguidade.

Mas você deve estar se perguntando: **"Mas Adriana, será que é possível qualquer empresa desenvolver esse tipo de metodologia, porque parece ser algo bem complexo."**

O meu objetivo realmente não é apresentar um plano de ação, no que se refere a pessoas, de forma rasa. É preciso ir mais profundamente, é preciso essa interação, esse conhecimento e, através dessas aplicações, isso é possível.

Mas, calma, talvez você precise de ajuda para essas aplicações, e essa parte garanto a você que não é a mais difícil, porque aqui estamos falando de execução para estar no primeiro nível, como apresentei há pouco, e de chegar no nível 3, suportados pelo melhor de cada um. Sei que há um longo caminho pela frente, aqui estamos falando de criar família, comunidades e ambientes de trabalho, baseados em pontos fortes.

Sei que até aqui falamos de pura técnica. Precisamos falar do desafio em reconhecer que não temos em mãos uma receita de bolo, porque somos seres diferentes uns dos outros, além de sermos únicos. Pare de uma certa distância, silencie e observe, e verá que podemos fazer uma leitura natural do nosso próprio ambiente.

Essa identificação nos oferece um ponto de partida, o dos talentos naturais. Se você superar essa barreira de achar que é algo técnico, estamos já no caminho mais provável de conexão com você mesmo, porque é nesse tempo que me vejo, fazendo uma espécie de leitura instantânea de gente.

Imagine um supermercado. Lembra daqueles leitores de códigos de barras onde você encosta um produto e em segundos ele identifica qual o item, qual a marca e o valor? Tenha certeza, ao final deste capítulo fará leituras diferenciadas de tipos de cada personalidade com poucos minutos de conversa e, dessa forma, poderá observar grandes mudanças estratégicas em você e juntos a todos aqueles que estão no seu negócio.

O que só não podemos achar normal, como líderes e gestores, que uma pesquisa realizada pela própria Gallup sobre engajamento profissional (ou quão positivas e produtivas as pessoas são no trabalho) mostra que apenas um terço concorda enfaticamente com a seguinte afirmação:

No trabalho, todos os dias tenho a oportunidade de pôr em prática o que faço de melhor.

E o mais surpreendente de tudo, sobre as práticas de *fazedores* humanos, nesses perfis entrevistados dos que discordam dessa afirmação acima, nenhum apresenta envolvimento emocional no trabalho.

Em nosso plano de ação colocamos como objetivo dessa etapa libertar ou ativar todos aqueles que estiverem sob a nossa responsabilidade, como uma atitude nobre e digna, porque pela nossa prática e pelos nossos estudos, aqueles que contam com essa clareza de pontos fortes têm a probabilidade seis vezes maior de se comprometer com o seu próprio trabalho e mais de três vezes pode-se afirmar que, de modo geral, desfrutam de uma excelente qualidade de vida, fora a diferença radical que essa pessoa pode fazer no ambiente de trabalho sendo ela.

E esse é o objetivo do programa Vem Ser Você, um plano de autodesenvolvimento.

Veja sob essa perspectiva, os estímulos sobre o desinteresse, ou extrema negatividade, ocorrem de forma declarada nas organizações.

Ser ignorado está sendo mais considerável do que a atenção sobre suas fraquezas, um grande ponto de dor. Um ambiente que pode ser resgatado, essa epidemia de desinteresse ativo que eu encontrei no meu ambiente, começando por mim, e encontro na padaria, no supermercado, no açougue, na reunião de empresários, nas mesas de mentoria, uma espécie de doença curável, porque se houver coragem intencional, podemos, com certeza, ajudar pessoas à nossa volta a desenvolverem seus pontos fortes.

Eis que cheguei até aqui. Muito prazer,

Sou um líder
Que gosta de
gente
Que precisa de
gente
Que se empenha
em gente

E que se considera uma
boa especialista em
gente

Um título que começa no coração

Eu, representando meu negócio, passei pelo tempo de crescimento apresentado neste capítulo, por todo o processo, e igualmente todos que estão comigo. Eu optei por adquirir conhecimento, me especializando em Psicologia para que, profundamente, colocasse em prática minha paixão por Gente, mas como disse a você, é só utilizar um apoio nas coletas de uma profissional que desenvolve perfis comportamentais, na formação dos cargos e funções da sua empresa.

Digo que, assim, temos os tempos de atenção e cuidado com a equipe:

Na pré-contratação (formação do perfil de cargos)
Na contratação (na seleção)
Na integração (na adaptação)
Na retenção (conexões que fazem sentido)
No resultado (das nossas escolhas, afinal nem sempre acertamos)

Os testes são feitos de forma online, onde você terá acesso a relatórios de forma personalizada, inclusive um guia abrangente para o desenvolvimento de pontos fortes com base nos resultados.

Este guia apresenta um mergulho profundo, sobre aquilo que torna a pessoa singular e autoral. Eis aqui um ponto crucial na **Identidade Organizacional:**

O que a sua marca de carreira ou negócio vem carregando? Fora as formações contratadas, os cursos, o tempo de experiência, quem é você? Qual é o seu negócio? Por que somos nós e são eles que representam aquilo que faz sentido para a nossa existência como marca. Seu estado atual vem representando a sua verdade? A sua vontade? Ou você está perdido? Meio a informações genéricas?

Olha o que acontece, quando nossa identidade não carrega singularidade e autoridade. As pessoas se tornam seis vezes menos propensas a se envolverem em suas tarefas e como mostrei aqui anteriormente, elas, com certeza:

- Vão tratar mal os clientes e/ou pacientes;
- Vão ter questionamentos improdutivos;
- Vão estar apáticas;
- Vão ter diariamente mais interações negativas, do que positivas;
- Vão estar constantemente irritadas, só de pensarem em ir ao trabalho;
- Vão ter pouquíssimos insights positivos e criativos.

E fora que essa perspectiva não irá apenas se estender nesse reflexo profissional, mas em grandes implicações para saúde e para os relacionamentos pessoais. Quero apresentar um plano individual, conectado a esse grande mergulho, mas quero adiantar que você irá colher os resultados como aumento de confiança, facilidade de direcionamento, esperança e gentileza em relação às pessoas.

Autoconhecimento

A partir do momento em que o indivíduo obtém as informações do **Teste Disc,** ele dá início ao seu processo de autoconhecimento. Este processo permite um aprimoramento constante de suas capacidades, bem como resultados extraordinários, tanto em sua vida pessoal, quanto na profissional.

O piloto automático toma conta do nosso meio.

Quero relembrar a introdução no início deste livro, onde narrei a nossa vida automatizada, onde sem querer decidimos tudo por meio de um padrão que, na maioria das vezes, passa despercebido. Tomamos centenas de decisões todos os dias, mas não temos consciência da maioria delas. Por isso, a leitura de ferramentas como essas, nos ajudam a despertar e utilizar o nosso melhor **único estilo de Ser.**

A pessoa que é dominante recebe elogios por sua franqueza e objetividade, mas em compensação, costuma ser criticada por ser agressiva. A pessoa obediente tende a ser gentil e simpática, mas tem dificuldade de dizer não. A extrovertida normalmente é carismática e animada, porém, pode falar demais. A introvertida é boa ouvinte e concentrada, entretanto, tem dificuldade para se expressar. A impaciente é rápida e intensa, não obstante, impulsiva. A calma é ponderada e reflexiva, contudo, costuma demorar para se decidir. A detalhista é organizada, todavia, pode ser centralizadora. Já a pessoa crítica é flexível e tem jogo de cintura, no entanto, costuma ser desorganizada. E você como costuma ser?

Trouxe um exemplo de um teste

A sigla indica quatro perfis básicos de comportamento:

(D) dominância;
(I) influência;
(S) estabilidade; e
(C) complacência

		Perfil +	Perfil -	Geral	Gráfico do Perfil Geral
Executor	**D**	13, 82%	5, 83%	11, 32%	(EB)
Comunicador	**I**	19, 82%	54, 13%	32, 08%	(MA)
Planejador	**S**	22, 38%	42, 11%	27, 67%	(A)
Analista	**C**	17, 45%	41, 67%	28, 93%	(A)

PERCEPÇÃO E ACEITAÇÃO DO OUTRO

Outro benefício da ferramenta é que ela nos permite perceber e aceitar as pessoas ao nosso redor exatamente como elas são, fazendo, diariamente, o exercício de suspender todo e qualquer tipo de julgamento.

PERFIL ISOLADO

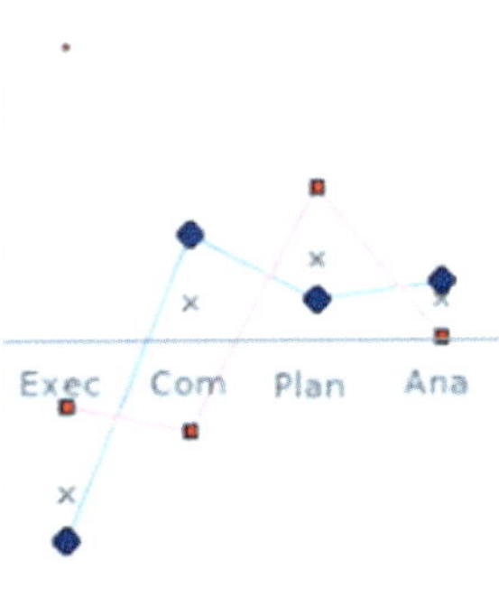

ESTILO DE LIDERANÇA

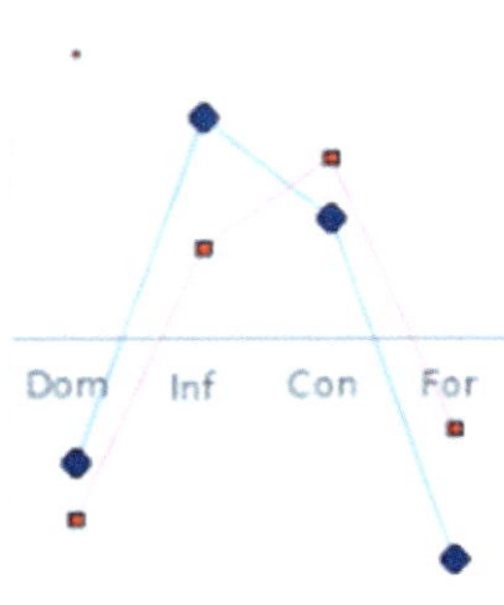

LIDERANÇA ATUAL

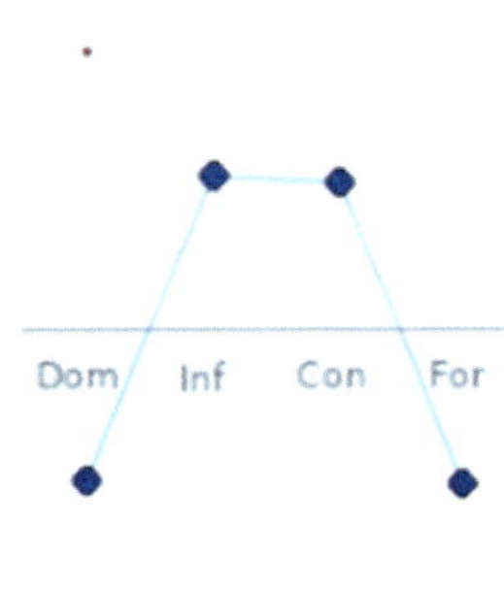

COMUNICAÇÃO

A **comunicação** é outro ponto de nossa vida que é beneficiado pelo **Teste Disc**. Isso porque passamos a entender melhor, não só como nos comunicamos, mas como o outro gosta de se comunicar. Com isso, o trabalho em equipe é potencializado e conseguimos construir relações cada vez mais saudáveis.

CAPACITAÇÃO ASSERTIVA DE EQUIPES

O **Teste Disc** permite que empresas conheçam mais seus colaboradores, e lhes dá a oportunidade de **capacitá-los com assertividade**, direcionando-os para treinamentos, que estejam de acordo com seus perfis e características.

LIDERANÇA

A **liderança** também é potencializada através do **Teste Disc**, porque a ferramenta ajuda o líder a conhecer mais e melhor os profissionais de sua equipe. Com isso, ele elabora estratégias cada vez mais eficientes de incentivo e motivação no dia a dia empresarial.

MUDANÇA

Por fim, o **Test Disc** também ajuda líderes de demais profissionais a se prepararem para as **mudanças**, que acontecem de tempos em tempos, nos mais diversos tipos de negócios. A partir da ferramenta, todos conseguem desenvolver a sua inteligência emocional, bem como a resiliência para lidar com o que lhes espera no futuro.

1) Comandante
2) Competidor
3) Administrador
4) Motivador
5) Vendedor
6) Diplomata
7) Aconselhador
8) Atendente
9) Professoral
10) Técnico
11) Especialista
12) Estrategista
13) Controlador

COMPETÊNCIAS

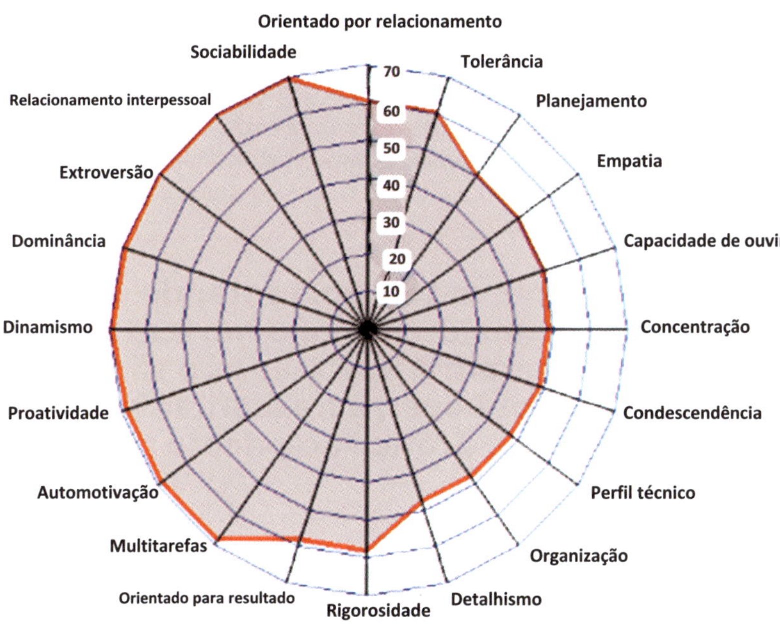

Os profissionais donos de negócios ou mesmo tendo a carreira como o nosso maior negócio, vamos passar por mudanças com o tempo e mesmo que nossa personalidade precise se adaptar, cientistas descobriram que nossas características essenciais são relativamente estáveis no decorrer da vida, assim como nossas paixões e nossos interesses. O mais interessante de tudo isso é que o talento é o elemento da nossa personalidade menos propenso a sofrer alterações, mas o grande risco é que uma vez não ativado ele pode permanecer inexplorado.

"Quem cuida de uma figueira comerá de seu fruto."

(Provérbios 27.18)

E então, por que eu não fiz isso antes? Por que o mundo não leva a vida a partir do que se faz de melhor?

O grande e maior problema é que a maioria das pessoas desconhece ou é incapaz de descrever os próprios pontos fortes ou dos que estão à sua volta, e mudar essa rota exige prática e dedicação. Por exemplo: hoje, se pode selecionar e contratar candidatos de forma mais superficial, sem querer se aprofundar em verdades reais, porém, um líder sem disposição e dedicação, certamente não terá o retorno esperado.

Então quero deixar a receita final utilizada pelo **Clifton Strengths**, digo que é uma espécie de crescimento para baixo e para dentro, um lugar onde podemos estender as raízes com segurança, com sustentabilidade, porque é lá, exatamente lá, a origem de tudo. Lá existe o talento único e dominante, no mais, tudo apenas será acrescentado.

Não invista, ou perca tempo, tentando desenvolver talento onde originalmente não há, tentando ser ou fazer as pessoas serem o que elas não são. Podemos, então, reconhecer, acrescentar habilidades e conhecimentos e prática ao pacote necessário de atuação.

Professoral

Atendente

Comandante

Aconselhador

Competidor

Diplomata

Administrador

Vendedor

Técnico

Motivador

Especialista

Estrategista

Controlador

Acredite antes de querer crescer com sua equipe, com seus planos, com as suas metas. Invista em singularidades, porque são elas que vão trazer vida para o seu negócio. Essas singularidades, descritas como um talento bruto, serão o fator multiplicador de felicidade e prosperidade.

Talento	(Uma maneira natural de pensar, sentir ou se comportar)
Investimento	(O tempo dedicado ao ganho da prática e ao desenvolvimento de suas habilidades e de sua base de conhecimentos)
Ponto Forte	(Capacidade de apresentar de modo consistente um desempenho próximo à perfeição)

Administrando as fraquezas

Qualquer que possa ser o posicionamento das pessoas ao nosso redor, é importante, sim, conhecer as áreas em que existe menos talento, porque é preciso colocar pessoas certas no lugar certo, e o melhor de tudo isso, como disse, não existe uma receita de bolo, e começando por mim foi necessário construir minha carreira pautada no meu jeito de ser. Essa estratégia abre os olhos de qualquer profissional que tenha o objetivo de entender mais sobre gente.

Perceba tudo isso na prática:

1. Uma pessoa que abandona projetos ao menor sinal de problemas, alguém que levanta mais obstáculos do que cria pontes e não demonstra otimismo.

2. Uma pessoa que manda, independentemente do seu status, que dá ordens, que tenta ter o controle das situações, que sempre busca dar palpites.

3. Uma pessoa que está sempre reclamando, que se acha injustiçado, que faz comparações não positivas, e que parece sempre precisar de uma ajuda.

4. Uma pessoa que está sempre se oferecendo para ajudar, que parece colocar as necessidades dos outros à frente das próprias e que está sempre disponível.

5. Uma pessoa que olha como os comportamentos são dotados de características marcantes, que antes de serem considerados defeitos, podem ser ressignificados, dependendo do ângulo que olhamos.

Veja por mim:

- De exigente – para decidida.
- De senso crítico – para fraqueza.
- De impaciente – para senso de urgência.
- De obsessão por detalhes – para exigência por resultados.

Minha proteção e estilo antissocial passaram a ser motivo de piada, contadas por mim mesma. Como disse, minha personalidade ***fazedora humana*** mudou pouco, mas o que mudou foi a maneira de reconhecer como iria aplicá-la.

Essa insatisfação da pesquisa de clima, me fez crescer, me trouxe o desejo de mudar a maneira de olhar. Mas puramente, foi um incômodo angustiante gerado pelo autoconhecimento limitado, induzido por falsas expectativas, decisões equivocadas e consequentemente, resultados ruins.

"O custo do cuidado é sempre menor que o custo do reparo."

(Pedro Samuel)

O programa **Vem Ser Você**, é uma forma que eu desenvolvi para que você possa ajudar a equilibrar os pontos negativos (pontos cegos) dos tipos de pessoas que estão incluídas ao seu redor. Estando preparado para fazer a leitura de código de barra de gente, identifica-se o excesso, a falta e o equilíbrio que buscamos.

Assim, não saímos descartando pessoas, como: "Essa serve, essa não serve".

É bom reforçar que as pessoas são o que são, a intenção já foi no passado mudar o jeito de ser, de pensar e de sentir, mas hoje não, precisamos ajudá-las a controlarem suas atitudes negativas e incentivar as ações positivas para que o tipo delas deixe de ser um problema e, sim, um potencial não explorado.

A grandeza desse tempo: Sementes do Fazer

Líder, Jesus nos convoca a amar o próximo como a nós mesmos, e isso inclui nosso trabalho. Quando as pessoas notam que o líder se importa de verdade com elas, isso gera um relacionamento de confiança; o amor corporativo de forma íntegra atua como a maior cascata de resultados positivos para uma equipe ou organização.

O cultivo intencional

Não é tolice doarmos aquilo que precisa ir embora, aquilo que não podemos mais manter, para ganhar o que não podemos perder.

Frutos da intencionalidade

Não duvide que você, como pequeno ou grande grupo, tenha capacidade de gerar mudança no mundo, porque, de fato, foi sempre assim que aconteceu.

Capítulo 4

O Tempo da Descoberta

OS SINAIS do Tempo de Ter

A recompensa de um novo ciclo

Frutificando no tempo de TER

200 dias de plano de execução

Essa história só teve, até aqui, um final feliz porque entendi que meu lado de autossuficiência, ser dona de todos os planos e tomadas de decisões, não foram meus maiores inimigos, mas, sim, foram minha grande libertação. O que parecia ser o fim, a morte de uma jornada, foi o começo de um grande tempo, não só entendi, mas pude viver a transformação de uma carreira com propósito e significado.

Fique à vontade para viver o seu momento: fruto, recompensa, resultado, lucro, o significado que melhor fizer sentido ao teu coração. Porque é sobre tudo isso que quero transbordar aqui, neste tempo.

Gratidão, Mamis, O conselho foi sábio.

Se você procurar no dicionário-padrão o significado da palavra desfrutar, encontrará palavras como ganhar frutos, gozar dos frutos ou rendimentos, usufruir, colher os frutos de (lugar, terra), e no maior manual de relacionamento (as escrituras):

"... aquele que semeia pouco, pouco também ceifará; e o que semeia com fartura, com abundância também ceifará."

(2 Co 9.6)

Melhor dizendo, você não vai colher o que deseja, mas o que planta.

Confesso que demorei para entender que minhas lutas não foram e não são contra as pessoas da minha vida, mas sobre a minha própria história, e que tudo foi permitido para que eu simplesmente aprendesse a me relacionar com todos à minha volta. O mundo tentou me ensinar exatamente o contrário; cresci em um sistema que nos direciona a ser independentes, principalmente (dos planos de Deus), que diz que temos o poder de realizar todas as coisas que decidirmos realizar por meio de nossos braços e da nossa mente.

Que somos livres para experimentar tudo o que quisermos. Que somos donos do nosso destino e que merecemos usufruir dos prazeres que a vida tem a nos oferecer, afinal de contas, ela é passageira e o que se leva dessa vida é a vida que a gente leva...Quantas mentiras...

Uma mentalidade que nunca favoreceu o cultivo e a nutrição de relacionamentos e como verdadeiras fábricas de trabalho, a mentira que o mérito e o favor são apenas provenientes desse esforço e sacrifício. De uma maneira muito simples, uma líder como eu, que achava que era altruísta, mas no fim das contas, entendi que estava mais para uma líder egoísta.

O desfrute é proporcional ao trabalho, mas não ao trabalho *fazedor*, ao trabalho braçal, mas, sim, ao trabalho de sair do lugar de comodidade, abandonar a zona de conforto e pôr a mão na massa, porque o outro lado da moeda é apenas sacrifício.

O sucesso veio pelo plano de Deus em minha vida, especialmente, estou não só colhendo-o hoje, mas estou dividindo com aqueles que estão ao meu lado.

Quero dividir com você grandes coisas; a obra que só esse restauro poderia me fazer experimentar.

Expansão e consolidação

Decorridos exatamente 200 dias, após aplicar os princípios do fruto do amor, os indicadores de gestão vieram a mostrar novamente **queda de turnover, pesquisa de clima muito positiva, satisfação dos clientes e aumento de faturamento.** A renúncia em desacelerar para que pudesse avançar, mas, principalmente, quebrar o sentimento cético de todos aqueles que estavam insatisfeitos colhendo frutos inférteis, da mesma forma. Porque o resultado indiretamente era geral.

Era clara a demonstração de novas atitudes, de um novo posicionamento. Os novos planos e as novas tomadas de decisão eram norteados pelo cultivo e pela nutrição dos princípios do amor corporativo, e podados no desamor. Minha vida estava mudada em todos os sentidos, minha confiança e minha esperança em estar vivendo os planos e a visão única e suficiente para minha vida; minha família estava restaurada e esses resultados me preenchiam em coragem e ânimo. Minhas ânsias não eram as mesmas, havia paz e mansidão, e a performance saudável era o brilho da nossa organização. Nesse curto espaço de tempo ficou claro que tudo só foi possível pela nova confiança, através dela os sinais vitais voltaram a aparecer de todos os lados.

Como chegamos ao alvo.

Quando estou iniciando uma consultoria ou colaborando em algum diagnóstico de carreira ou planos de negócios, vejo que a parte mais difícil é conectar a mudança de mentalidade com os planos do coração. São tantas as mentiras contadas pelo tempo robótico, que vejo como é tamanha a dificuldade de abandonar os hábitos viciosos, as prisões dos próprios desejos de autossuficiência, a falta de liberdade de enxergar líderes e gestores praticando de forma única com a libertação de seus talentos.

Prosseguir permanecendo foi o segredo, o amor corporativo não irá te colocar em cegueira, prisão ou engano, garanto a você que tudo que antes não gerava fruto, pela própria desistência e motivação, era porque não era chegada a hora. Hoje esse desfrute está sob ganho, lucro, liberdade, vida real e plena com Deus! Os frutos são novos, são preciosos, valorosos, literalmente frutos dignos de transformação.

Vivendo a visão

Revista-se de força e dignidade: sorria diante do futuro!

Coloque seu coração no negócio

e tenha seu negócio no seu coração.

Quando completei exatamente 21 anos de carreira, estava entrando de sócia na minha 5ª empresa, e eu já sabia que não seria mais a mesma, as coisas não seriam mais da mesma forma, meu coração e minha mentalidade não eram mais reféns do outro, do modelo ou apenas de resultado. Eu estava pronta para viver o impossível sob os olhos humanos, claramente sabia que continuaria sob os planos de Deus:

Repetia, repetia e repetia...

E assim foi. Não há nada mais mágico, inexplicável, que acalente nosso coração e suscite-nos esperança. Não como tropeços, mesmo porque, eu estava muito mais atenta a distrações, mas continuava no jogo, na batalha, no cotidiano das adversidades, de crises, medos, inseguranças, problemas, acidentes e doenças que pudessem chegar no nosso meio e para os quais eu não encontrava soluções outras do que a minha conexão com Deus.

Através da minha entrega diária, que no meu caso é sobre oração, sou direcionada pelo discernimento, para entender sempre a minha dependência e a minha pequenez perante a todas as coisas e, ao mesmo tempo, a magnitude do poder do Criador, a nossa gigante e inexplicável capacidade de realização de sermos essenciais e significativos para a evolução do planeta, vivendo de forma única e especial.

Deixando aqui, neste momento, de lado, o papel intrínseco das religiões e focando estritamente na espiritualidade, mas como esfera da saúde organizacional (de forma física, mental, emocional e espiritual). Tenho a convicção de que a proteção dessa visão foi-me capacitada pelo treino, de não permitir distrações pelas confusões mundanas, com fé abalada e confiança extinta.

A execução como uma líder humana, vivendo o cuidado e muito menos o reparo, o coração estava frondoso, forte e frutífero.

E hoje me sinto encorajada perante a um tempo pesado e difícil, algo que no passado me trouxe medo e incerteza; Fazia, fazia e fazia e não enfrentava o financeiro, não tinha tantas dores na falta dele depois que tanto fiz, mas a dor em pensar que um dia não pudesse ter, me roubou todo enfrentamento necessário.

Então, se você hoje sofre a falta, a confusão, a desarmonia ou até mesmo uma separação por causa dele, quero declarar o que o tempo de enfrentamento fez na minha vida: quando saí de casa aos 13 anos, com a mochila nas costas para trabalhar, *me* lembro da frase que foi o meu trampolim e não terei condições de colocar você em uma melhor escola. Eu saí acreditando que o dinheiro era algo difícil e escasso, ele era o vilão, que roubou minha adolescência. Mas hoje, após a cura das dores de uma *fazedora humana,* encaro e enxergo o dinheiro ou o recurso, como for melhor para você, algo leve, quando você consegue se relacionar bem com ele.

Quando descobri que o dinheiro poderia me servir, que a vida não precisava ser uma privação constante, repleta de cortes e planilhas, que a partir do momento que fiz os passes comigo mesma, a mágica aconteceria, porque além de me conscientizar de tudo que está dentro do nosso orçamento, aprendi a identificar quais são as minhas reais dificuldades.

O sofrimento foi real, muito trabalho sempre, uma pilha de boletos, cheques sem fundo, porque a situação apertou, sim, muitas vezes, contas atrasadas e ainda a culpa crescente pela falta de tempo com a família. Mas pela honra da minha história, penso em todas as vezes que achei que a grama do vizinho poderia ser mais verde do que a minha, mas hoje a certeza é que a grama muitas vezes era artificial. Essa fase me exigiu também, conforme todo alinhamento de execução – confiança – ordem – organização e limpeza. O medo de não conseguir pagar, honrar, conquistar, me trouxe limitações e desorganização.

No meu caso, não pela falta do próprio dinheiro, mas pelo desequilíbrio do excesso, de atividades e execução. Como *fazedora humana*, olhei para tudo que tinha que ser feito no medo, mas muito pouco para o dinheiro, como uma forma de boa conexão e solução. Eu não queria parar, desacelerar para falar sobre ele, não era prioritário enfrentar a realidade. Hoje livre e liberta, hoje dentro dessa boa conversa que tenho comigo mesma, vejo como o dinheiro pode continuar entrando de forma abundante, mas acima de tudo, sendo cuidado.

E quero lhe encorajar como uma líder empreendedora, se essa cura não chegou para você, ela pode chegar e trilhar um novo caminho. Continuo aqui como uma grande incentivadora dessa história. Os pontos da minha carreira se encontram aqui neste capítulo.

Foi necessário reconhecer o Ser, renunciar para crescer, ajustar e alinhar o fazer e depois começar a ter.

Os planos deste tempo

Sempre tive muita clareza dos meus sonhos, de verdade, sempre os contei para Deus nos mínimos detalhes!

Perseguidora? **Põe perseguidora nisso!** O inconformismo sadio sempre foi a minha trilha. Digo que durante um tempo cheguei a ser ambiciosa por um sonho, um sonho egoísta e vaidoso que me corrompeu, e deixou minha imaginação em modo de sacrifício, mas também foi ela que construiu a vida que eu sempre quis.

Mas só um detalhe importante: meu desenvolvimento pessoal sempre foi tão importante para mim, senão até mais do que meus bens materiais. Vejo que quando aprimorei meu nível de consciência, mesmo como uma boa fazedora, tomei grandes decisões e arquei com as consequências de ônus e bônus, e dentro delas estão os princípios financeiros que me trouxeram até aqui:

Estava apoiada sempre em um Deus de Detalhes, só não sabia como receber o comando e gerar em ação, entregava, mas não era obediente para executar. Olha como eu caminhava até que bem, transformava meu sonho da seguinte forma: tinha uma lista literalmente dos sonhos e desejos, deixava em evidência e constantemente fazia consultas. Quando quis um carro, anotava cor, marca. Quando quis uma casa, anotei cidade, modelo de construção e tamanho. Quando quis um apartamento na praia, anotei a cidade, o mar como seria, quantos quartos teria e imaginava as piscinas.

E a segunda parte, não mais importante: o tempo que eu queria que essas coisas acontecessem, e aí estava minha maior desobediência: minhas expectativas eram em cima dos meus planos, claro que muitos planos aconteciam, mas outros, especificamente, não.

Minha jornada empreendedora está recheada dessa experiência, tempo de *sim* e tempo de *não*. E o tão quando libertador, é chegar aqui nesse Desfrute, contando hoje que as melhores experiências foram quando recebia o **não**.

Então quero pensar com você, onde estão os seus sonhos? Não conseguiu chegar aonde queria? Deixou escapar oportunidades?

Nosso único limite são nossas imaginações, acredito totalmente nos planos de Deus para nossas vidas, e se Ele lhe dá asas, assim como me deu, somos capazes de realizar.

Aproveite que estamos aqui motivados eu escrevendo e você lendo, acredite que automotivação é a chave desse negócio **(Tempo de Ter)** então aproveite e:

Faça agora, mas lembre-se:
O dinheiro não traz felicidade para quem não sabe o que fazer com ele.

Você pode estar se perguntando se realizei todos os sonhos previstos, com as características previstas e indo mais além com os tempos previstos, e eu quero lhe dizer, eis aqui os tempos de desenvolvimento, e eis-me aqui, dizendo com um respeito consciente que a minha ambição era por essa conquista, estava ali, no topo da lista, queria me desenvolver e fui muito, e continuo sendo, desenvolvida, mas isso está claro na minha lista de sonhos!

Eu já tive inúmeras ideias que não passaram de ideias, pois não tomei a decisão de colocá-las em prática. Morreram, antes mesmo de nascerem.

Porque deixei o convidado de honra, muitas vezes sem a honra.

Deixe-me reforçar esse princípio dessa jornada de transformação.

Já que é resultado que queremos, vamos falar deles!

Iniciei minha jornada trazendo o meu eu com o papel de uma grande *fazedora*, e junto ao meu estilo de vida, as dores adquiridas na jornada. Sei que a sua pode não ser igual a minha, e por esse motivo, espero que o seu relacionamento com Deus e sua família possa estar aqui alinhado com você a esse tempo de desfrute, mesmo que seja na etapa de construção dessa ordem, dessa organização e dessa limpeza.

Independentemente dessa sua fase, que esse apoio possa ser o seu maior alicerce.

Aqui, o amor estava no ar e continua no ar, como meu combustível, minha força e minha motivação. Quero dizer que estamos vivendo esse tempo de amor corporativo. Vejo gente certa no lugar certo, e muitos *nãos* fazendo parte do caminho.

Aquela contratação que acho que é a certa, e não é; aquela promoção que acho que é a certa e não é; aquele novo negócio que acho que é o certo e não é, mas o melhor é que esse não, é o sim do plano perfeito. E assim tenho vivido essa jornada de Ter. Tenho certeza de que esta afirmação faz todo o sentido:

O melhor de qualquer coisa está no final.

Você já deve ter ouvido essa afirmação. Durante boa parte da minha jornada, a impaciência não me deixou chegar até aqui, e com muito respeito quero lhe dizer que chegamos e que estamos vivendo essa melhor parte; estamos vivendo essa insistência, essa permanência: eu, minha família e aqueles que estão juntos aos meus negócios.

Gente nossa de cada dia!

A empresa está dentro das pessoas e não são elas que estão dentro da empresa. Nossa identidade foi desenterrada, passamos pela prova de nos perder, para poder nos achar. De forma padrão, sempre acreditei nas mentiras do mundo corporativo, acreditei em visão genérica, copiada e nada autoral.

Resultado: ações sem vida, sacrifício, uma entrega impostora e não verdadeira. A história foi acessada, a verdade resgatada e tudo isso foi traduzido em cultura. E quanto mais formos efetivos para traduzir essa autoridade em ações e esse posicionamento, estaremos mais e mais perto de pessoas que se conectam e conhecem claramente nossa história e rapidamente estarão traduzindo ações conectadas **em mente e coração**. Com essa clareza, caminhamos, com desenvolvimento e acompanhamento.

Resultado: Lugar de Gente feliz!

Técnica nossa de cada dia!

Falamos na fase do fazer, sobre a real necessidade de conhecer o coração e, consequentemente, o comportamento de cada pessoa, mas acima disso, nossos esforços estão sobre a Causa de cada um e um olhar profundo aos sinais vitais, e a diferença é o brilho, o combustível que faz com que saiam de casa todos os dias querendo viver a história. Não quero dizer que não estamos aqui lidando com as sabotagens, com as limitações, com as paralisias, com os bloqueios, com os vícios.

Mas foi entendido que, quando identificamos de forma um pouco mais profunda essa causa, é ela que fará toda a diferença entre treinar, melhorar, agregar, gerar performance, mais do que apenas aquela em que o colaborador, sócio, parceiro que precisa de um nível de motivação ao extremo. Uma armadilha que preferimos nos posicionar para agregar.

No passado, isso era tão confuso, mas na verdade o problema era meu, meu nível era baixo de motivação como uma líder, então, seria eu pedindo para ser resgatada, contratando aqueles que precisavam do resgate.

Resultado: peso e sacrifício. Aqueles que já apresentam causa e significado, já encontraram o seu motivo, apenas precisam da nossa reverência, do nosso respeito. Essa atenção é o nosso maior esforço, mesmo que mergulhada na necessidade de processos e ferramentas, colocamos a causa para não gerar um ambiente de desmotivação, gerado pela toxicidade de um ambiente.

Os sonhos recaem sobre a nossa visão, sobre a visão das pessoas objetivadas, medidas e amparadas de forma sensata.

Resultado: Gente boa, treinada e excelente!

Combustível nosso de cada dia!

O líder se comunica com energia, vigor e ânimo, além de uma causa nobre conectada. Sentir a boa energia no ar é a diferença que traz toda a diferença. Mais do que sentir o aroma da ambiência, é sentir a positividade em tudo que a gente sente. Olhar o sentido sobre a primeira pergunta, quando iniciei esse livro, lembra: comecei perguntando como você estava se sentindo.

O tempo da limpeza expressa como a ação no tempo do *fazer* levou essa toxicidade, o plano original enterrado, escondia essa vontade, mas essa era a maior vontade, as dores, o peso, o sacrifício, as frustrações, colocou a empresa em modo orgulhoso, como um *band-aid* que protegia as feridas sobre esses sacrifícios. Essa armadura, essa proteção, foi removida, a alegria, a boa *vibe* está no ar. Rompemos essa barreira, **decidimos voltar a sonhar os planos originais.**

A toxicidade foi removida do ar. Aqueles que carregavam esse tempo foram libertados com respeito, para viver a sua estação. Sobre isso quero falar também sobre a **intenção**, que vem gerando os maiores testemunhos de vitória e conquistas. Está no ar essa intenção verdadeira, estamos vivendo esse propósito e essa promessa. Eu saio de casa com essa **consciência e intenção**, conheço as minhas fraquezas diárias, mas as uso para saber que somos canais para outras pessoas, existe algo diferente naquele ambiente, existe uma jornada intencional e com isso, todos os dias, experimentamos algo novo.

Onde houver vida, tudo o que estiver morto, não sobreviverá! Gente que carrega intencionalmente a cura da dor do outro, totalmente consciente de que podemos trabalhar de graça e pela graça, reconhecendo então que o mundo precisa da nossa vida.

Resultado: Gente precisa de Gente!

Gente sendo Gente de verdade!

Estamos disponíveis como empresa, e poder perceber que nesse tempo falo sobre mim, e feliz da vida, falo sobre nós, sobre aqueles que estão comigo, estamos carregando a mesma causa e o mesmo significado. Somos gente de verdade, estamos sobre a nossa vulnerabilidade e sobre a nossa fragilidade, estamos conscientes de que a nossa cultura não irá moldar aspectos como caráter e valores.

Aprendemos com sabedoria e prudência em não gastar tanta energia para tentar ser o que não se é para agradar outras pessoas. Falamos sobre a confiança no tempo de fazer, aqui estamos colhendo esse romper, ouvir mais e falar menos, evitando o macro gerenciamento e deixando as pessoas trabalharem. Deixamos que essa verdade, que cada potência, diga o que devemos fazer, porque reconhecemos essa inteligência, o ambiente está extremamente colaborativo.

Resultado: Gente sendo Gente

Gente que lidera Gente!

Eu sou, com todo respeito e sem soberba, uma grande ativadora. O plano veio de Deus, mas a decisão, zelo e a obediência, vieram de mim. A crise na dor me deu autoridade, falo de romper, mas fui rompida. Estou aqui registrando as minhas marcas. Não quero compartilhar a teoria, quero assumir a minha experiência em estar feliz em ajudar o próximo a ser mais feliz e produtivo no trabalho.

A fases foram convidativas, hoje não me enxergo mais machucada nas marcas do processo corporativo, as cicatrizes estão expostas como uma líder curada, mas o melhor de tudo, estou aqui dizendo que venci, como uma ativista. De forma justa e respeitosa quero dizer que hoje sou a superação da minha experiência, um marco de ruptura, não importa mais o que passou, importa esse momento de construir a história e não mais *como* foi a história. A distância entre as pessoas diminuiu, o tempo relacional está sobre a inspiração dentro desse ambiente de negócios e do negócio.

Resultado: Gente próxima de gente!

A raiz da inconstância na minha vida sempre foi a falta de confiança. Não queria enfrentar os problemas que afetavam nossas empresas e a maior delas, como quase todos dizem, a falta de compromisso.

Em uma aplicação prática, as dores me trouxeram cansaço e muita desistência pelo meio do caminho. De verdade, querido líder, parei de espernear, parei de reclamar e aprendi a descansar, aprendi a confiar, aprendi que se não der certo é porque preciso mergulhar mais, analisar mais, discernir mais e, sem dúvida alguma, é a falta da causa. Trazer à memória o que me dá esperança, permanecer na causa. A bola toda hora está comigo, longe de ser a missão, mas a causa, porque todos estão ali; é ir muito mais além daquilo que estamos abraçados e acreditando que vai ser bom para todos.

Então, quero dizer que estamos carregando o maior desafio, que é abraçarmos e construirmos juntos, alinhando e ajudando a todos a encontrarem os seus motivos e os seus porquês!

Esse foi o meu desejo, sair do lugar que limitava minha visão, uma energia incrível e poderosa para nós, sócios, para os colaboradores, sendo despertada para um tempo de atitudes e ações que se tornou tão natural, leve, autêntico, o pertencimento tomou conta da nossa convivência.

Os nossos indicadores nunca foram os piores, mas nesse tempo tivemos a ousadia de traçar grandes alvos, e esses alvos não mais eram apenas para os negócios.

O sentido havia mudado, pensávamos muito em todos, principalmente em recuperar a dignidade daqueles que estavam conosco, e de fazer com que tivessem uma vida alinhada, equilibrada em todos os sentidos, afinal, o princípio do amor era a base de tudo.

A obediência foi a chave para encarar ações necessárias, conversas difíceis, duras e até mesmo cruciais.

O quão difícil foi tocar no assunto do zelo pelo nome, dos colaboradores que estavam com nome restrito na praça, sem poder fazer nenhum tipo de empréstimo que colaborasse com seus sonhos em comprar um carro, em casar-se, em fazer uma faculdade, não que o objetivo fosse apenas financeiro, mas pelo fato da história ser marcada por decisões mal tomadas, roubando a dignidade e como consequência, um nome restrito.

O colaborador estava ali, desempenhando suas funções, fadados a estarem bem, mesmo quando tudo estava um caos, uma espécie de farda corporativa: coloco o meu uniforme e finjo estar bem e feliz.

Dessa forma, escolhi prosseguir com o princípio do servir, servir com amor, escutando, e colaborando com sugestões e recomendações através de minhas experiências, ações que um dia me serviram como conselho e experiência bem-sucedida, e utilizo para traçar planos financeiros, como ajuda para que as pessoas pudessem voltar a sonhar.

Mesmo diante das adversidades, nunca é tarde para reescrever sua história.

Minha história revelada dentro de todo grupo se tornou gritante, afinal, as mudanças eram notórias, e foram essas mudanças que começaram a representar aquilo que eu não precisava mais esconder.

Eu estava sendo a minha verdade, eu mulher, dentista, líder, empreendedora, empresária, estrategista, mas, acima de tudo, filha de Deus, o que no passado gerou sacrifício, nesse tempo gerou superpoder.

Quero te lembrar que hoje enxergo que tudo que aconteceu foi natural e necessário, foi necessário **sentir medo**, mas esse medo foi só um sentimento, apenas um estado afetivo, suscitado pela consciência do perigo. Eu tinha medo de não dar conta, o medo era para o perigo, mas não era para viver o extraordinário.

Essa é a mais pura verdade, o esmagamento só determinou que eu viveria o extraordinário, que me impulsionava, que me contava a verdade sobre mim mesma, que consolava minhas dores e que me dava em amor as melhores visões e estratégias para as tomadas de decisão.

Não pude esconder e precisei tornar público que tudo estava sob orientação e apoio de Deus e eu como filha única e amada. Esse posicionamento derrotou um dos meus maiores gigantes, aquele que estava dentro de mim, quando me referia sobre meta, indicador, plano e não queria falar sendo clara sobre dinheiro. Superei a crença do enfrentamento, ele se transformou em bênção e não em sacrifício.

A palavra de Deus diz:

"O amor ao dinheiro é a raiz de toda espécie de males."

(Timóteo 6:10)

Então, hoje eu entendo que foi bem desafiador, mas estou convencida sobre o poder precioso sobre isso. Deus guardou e blindou meu coração, eu fiz e fiz muito, incansavelmente, sem medir esforço, um nível grande de dedicação, mas não fiz porque queria o dinheiro, fiz porque queria o amor entre a minha família, queria vê-los bem, e hoje respiro aliviada, porque desse mal eu não fui corrompida.

"Sobre tudo o que se deve guardar, guarda o teu coração, porque dele procedem as fontes da vida".

(Provérbios 4:23)

Então continuo falando de prosperidade e das benções que só Ele pode me dar, e nessa fonte abundante e generosa, que nós temos de todos os lados e por todos os lados: **o bom, o belo e o grande.**

As fidelidades do Senhor foram cada vez mais aumentando meu poder criativo, minha paz, minha mansidão, minha paciência foram tomando conta de novos projetos, metas impossíveis estavam sendo alcançadas; pude contribuir com projetos grandes como voluntária, pude ajudar famílias, crianças, mulheres, vivenciei sorrisos sinceros em forma de amor.

Estou convencida de tantas coisas, meio a tantas distrações do mundo do empreendedorismo, como mulher, esposa, mãe e líder, hoje levando minha carreira como um Dom de Deus, convicta do que estou aqui exercendo, livre e feliz para contar que não desisti, e jamais me deixei intimidar por uma ganância exagerada, o fruto do amor está aplicado nesse tempo do Ter, e é sobre ele, que posso contar tudo aquilo que se refere a crescimento, passando pelo processo, sendo restaurada na deficiência de caráter e sendo curada em minha alma para alcançar a capacidade de ajudar outras pessoas.

Caso você esteja aqui, do outro lado, em meio a uma liderança paralisada e bloqueada, sendo exercida pelo modo rotineiro e tradicional, quero lhe encorajar, a viver um novo chamado, uma nova história, um novo tempo. Uma liderança intencionalmente corajosa e altruísta, que não tem medo de arriscar, inovar, reinventar, com visão e com caráter, liderança exercida em negócios equilibrados e saudáveis. Quero lembrar você que precisei passar pelos tempos, antes de chegar até aqui, e com você tenho a certeza de que não será diferente, e lembrar de tantos projetos grandes e incríveis, que um dia foram verdadeiros desastres, não pela minha visão e estratégia, mas pela minha total e própria impaciência.

O alvo era a capacidade, mas ela precisava ser treinada e capacitada no plano. Minha fé já era minha força, mas minha ansiedade precipitava e adiava a visão. Meu controle era sobre processos e minha retenção era sobre pessoas, e ter aprendido a deixar de controlar os outros, para controlar a mim mesma me libertou para exercer uma posição ao lado de pessoas livres, enquanto o controle me controlava, eu não era livre para viver os planos de Deus para a minha vida.

A mentalidade de liderança na grandeza, me trouxe a maior perspectiva de um negócio equilibrado e saudável, essa liberdade me permitiu, a confiar mais, a acreditar mais, a trabalhar mais, a servir mais e a compartilhar mais.

Rick Warren disse:

"Pessoas qualificadas estão prontas para me ajudar na hora certa e da forma certa, pessoas que eu ainda não conheço. Eu prometo nunca desistir por falta de ajuda, mas confiarei em Deus para providenciar a ajuda de que preciso."

200 dias

Práticas orgânicas e naturais,

Talvez não tão óbvias assim.

Estava previsto em meu planejamento financeiro, em três anos alcançar um aumento relevante em nosso faturamento, tendo como consideração, todos os negócios do grupo. Nesse tempo eu já tinha colocado em prática a minha habilidade nata como empreendedora, e não tinha somente meus negócios no segmento de Odontologia, mas já havia aumentado nossa carteira com outros negócios agregados ao segmento de saúde.

E, graças a Deus, quando passamos pela maior crise pandêmica da história, mesmo com situações mais difíceis, provei para o grupo que tínhamos saúde financeira, e isso de fato foi um grande marco na minha história, afinal, eu vi de perto e de longe, tantas e tantas clínicas e outros comércios fecharem as portas.

Vejo que a pandemia trouxe, em meio a tantas dores, a validação da vida de grandes negócios. Mesmo muitos dos que sobreviveram, estão se arrastando em dívidas de impostos, aluguéis, penhoras, processos trabalhistas e ainda estão em meio a um naufrágio, com saúde mental abalada e famílias destruídas.

É válido pensar que realidades foram expostas. A marca como identidade expôs a crise da realidade. Eu tinha, mas eu não era um negócio saudável, uma realidade dura de enfrentar, um solo infértil, um fruto verde arrancado do galho muitas vezes como o próprio galho. As práticas foram refletindo a minha transformação, o resultado dos frutos maduros estavam sob a atenção intencional em relação à nova especialidade dedicada a gente. Meu coração passou no teste, meus desejos eram reais e verdadeiros.

100% dos clientes são pessoas.
100% dos funcionários são pessoas.
E se você não entende de pessoas, você,
não entende de negócios.
"Simon Sinek"

E agradeço a você que está aqui, um diálogo necessário para você que se considera um negócio dentro de um negócio, para você que se reconhece como gente que gosta de gente, mas nem sempre tem o destaque que merece, porque não vejo um futuro saudável para empresas que não cuidam de gente.

Cada vez mais as conexões humanas serão mais importantes. Marcas interessadas no bem do coletivo, marcas que vão expressar estado de presença, energia boa e trocas genuínas.

E mesmo que não se sinta preparado 100% para lidar com gente, mesmo que por caráter estratégico, não tenha medo, tenho certeza de que da mesma forma será surpreendido de uma forma ou de outra, mas que será uma direção necessária para que seu negócio seja do futuro e para o futuro. Dessa forma, vamos às práticas que eu venho guiando com os passos do amor corporativo. Nada mal falar sobre lucro:

Elogiar as pessoas dá lucro: romper e se libertar de tudo aquilo que nos impede de reconhecer o outro. Para os psicólogos, o reforço positivo é o melhor método para educação. Na prática, não deixe isso para depois, faça imediatamente ou assim que possível. Imagine que você não terá quase nada de esforço e muito menos custo e os resultados serão inimagináveis.

Validar as pessoas dá lucro: dedicar-se um pouco mais sobre a maneira única de cada um ser é um fundamental para construir negócios e ambientes harmônicos, colocar pessoas certas no lugar certo. Isso dá excelentes resultados em curto e em longo-prazo.

Ativar as pessoas dá lucro: tive a oportunidade de conhecer uma rede de lojas em Orlando que se chama Best Buy (uma rede norte-americana) que realizou uma pesquisa publicada na Harvard Business Review, onde revelou que 0,1% de comprometimento extra dos colaboradores representava mais de 100 mil dólares no faturamento anual.

Seja amoroso em dizer, seja comprometido e dedicado para estudar sobre Gente, e empenhado para encorajar, falar a verdade, não protelar, não abusar de falsas mentiras: não perca mais nenhum tempo e não terceirize aquilo que só você pode fazer! **Elogie, ative e valide o mundo ao seu redor!**

Atenção!

Não se assuste com a mudança sobrenatural de indicadores financeiros do seu negócio.

Acredite, sou uma profissional da saúde, com inúmeros cursos, adquiri no decorrer da minha história grandes formações voltadas ao corpo humano. No início, quase nenhuma para compreensão de Gente, emocionalmente e comportamentalmente falando, e hoje me deparo com grandes provações com disfunções surreais, na saúde das organizações.

As metas são a prensa que todo empreendedor e colaborador precisa para entregar de bandeja a sua maior verdade, porque nelas moram males egocêntricos, de ambos os lados.

Só quero continuar dizendo para você que as pessoas só vão se importar com o que você diz, quando verdadeiramente elas perceberem que você se importa com elas, então, aquele sorriso que não se abriu ao primeiro bom dia, aquele trabalho que não foi entregue, aquele que não chegou para bater o ponto, vai precisar de você ou de alguém que represente o coração do seu negócio.

Veja como um bem necessário, um sono de quantidade e quantidade, uma boa alimentação, um bom exercício, uma boa leitura, um bom papo. O amor corporativo se preocupa e colabora para influenciar sobre a energia em todos os aspectos das nossas vidas, então desde o estagiário que estuda e trabalha, a mãe que precisa equilibrar os planos; como líderes vamos precisar proteger a visão, reconhecer as necessidades e ter as melhores estratégias para o bem-estar de todos os envolvidos.

Continuo dizendo...

Não se assuste com a sobrenatural mudança de indicadores.

Narrei a minha história desde o meu nascimento, apresentei meus pontos fortes, e me entreguei nos pontos fracos.

Os pontos fortes me fizeram ser uma menina-mulher estudiosa, estrategista, visionária tendo muita facilidade em liderar projetos e a empreender em novas caminhadas; gerei grandes conexões e verdadeiramente fui abençoada por muita criatividade.

As conquistas vieram, alinhei meus desejos de morar bem, comer bem, vestir-se bem e colaborar com a minha família para que ficassem muito bem. Mas nos primeiros 20 anos, como relatei, faltou a melhor parte de tudo isso, a melhor e maior lição, ensinada pela minha mãe, não desfrutava na mesma proporção que ganhava. Os pontos fracos, melhor dizendo, os desafios roubaram e inverteram a ordem do meu **Ser para Fazer.**

Dessa forma, como narrado, recebi também a conquista da renúncia como um ato de arrependimento, hoje posso dizer que os planos de Deus são perfeitos. Acreditar que nascemos prontos para Ser e Ter não é uma realidade.

Mas hoje posso dizer com propriedade que o Ter é a chave para alicerçar através de provas mundanas e testes diários, o quanto é necessário termos princípios para estarmos sempre alicerçados em equilíbrio. Nós somos a continuidade da educação dos nossos pais, que são a continuidade dos nossos avós, que são a continuidade de nossos tetravós.

Uma evolução constante de crescimento e maturidade sobre a visão e a inovação das nossas vidas.

E imagina o que seria da nossa história, se tivéssemos os processos como a maior escola.

Gente que me ensinou sobre vendas com significado

Antes de seguir, quero só relembrar que eu, quando saí de casa com 13 anos, fui mentoreada por uma das melhores colaboradoras que a Casas Bahia teve na sua história como vendedora. Ela, a única no meio de muitos homens vendedores.

Amava ver quando ela chegava em casa, dizendo que havia ganhado mais um prêmio de reconhecimento, aliás eram muitos, era uma inspiração, existia fila para o seu atendimento, clientes indicados; seu nível de relação e comunicação era inspirador, uma mulher talentosa que fluía pelo seu carisma, com o seu amor vendia a alma dos produtos, e nunca colocou o lucro em forma de dinheiro à frente. Ela sabia que o resultado dependia da sua entrega.

Penso que, inevitavelmente, nossa vida vende a todo momento quem somos, então, penso que somos vendedores a vida toda, influenciando e persuadindo. Vendemos nossa imagem, nosso humor, nossos ideais. Seja para conquistar um par romântico, um novo emprego, um novo colaborador, um novo cliente. Existe hoje no mercado inúmeros cursos, mentorias, que colaboram para se vender e fechar uma venda, mas a todo custo. E fato é que no mundo do empreendedorismo, o preparo de uma equipe como time é para vender o produto e serviço, e como busca final, a equipe está ali pela comissão e não pela missão. Não existe significado, muitas vezes, em vender o bem maior, em vender aquilo que estamos entregando de melhor. Muitos profissionais estão vendendo aquilo que não acreditam, de forma automatizada e robotizada.

Muitas características a fizeram ser uma fundadora-mentora, fora do comum, não enxergava as pessoas como clientes e pacientes, mas sim como vida. Sua dedicação baseava-se em conhecer o produto e o serviço, e em compreender a necessidade e o perfil do cliente; sua técnica era diferenciada e sua persuasão não era aplicada sobre gatilhos mentais manipuladores, mas associada a uma intenção alinhada à vida atendida. A palavra *equilíbrio* traduzia muito bem sua capacidade de conexão com o cliente, primeiras habilidades fundamentais inegáveis e necessárias como uma excelente comunicação, foco em metas e objetivos.

As metas eram expressivas, porque as despesas eram e são bem altas, mas não era isso que realmente trouxe o melhor tempo da diferença.

Eu tive dois grandes tempos como parceira, dupla e executora, criando e disseminando estratégias para o cliente que chegava, mas não comprava. O cliente que chegava e comprava e, mais importante, aquele que entrava, comprava e vendia por nós trazendo depois muitas outras indicações.

Essa venda com significado era, e é, a fonte de tudo, ela aumenta significativamente os planos de sucesso da empresa. O cliente que se conecta sabe quando não compra só o produto e o serviço, ele tem prazer de compartilhar uma cadeia de valor recebida, se torna indicador e multiplicador, um verdadeiro defensor do produto.

Resultado: vendas e mais vendas!

Então, já que chegamos até aqui, vamos falar sobre **marketing:**

Você já deve ter ouvido falar na jornada do consumidor, por ela conseguimos compreender todo o caminho que o cliente passa, desde o momento que percebe sua necessidade até a decisão de compra. Imagina o tanto de obstáculos que não encontramos pelo meio do caminho? Quando me lembro de tudo que passei e enfrentei, só vejo a mão de Deus pelos meus caminhos, afinal, as técnicas eram naturais e singulares.

Não tinha que fazer, como em muitos cenários de hoje, altos investimentos para novas atrações, e poucos reconhecimentos sobre aqueles que já estavam consumindo o produto. A conexão pegando fogo na etapa de lead, quente na etapa da venda e fria pós-venda, ações muito bem-vindas de forma imediata, até a caneta e o papel, e depois é necessário colocar energia e recurso para reparar as irregularidades do meio do caminho, e o pior ainda, após todo reparo, é ver o cliente desistindo do produto.

Não tenho aqui pretensão em explicar a técnica de venda tradicional, porque não foi a que serviu para o nosso crescimento e para a vida do nosso negócio. Mesmo porque, por mais especial que possa ser a inovação do mundo, nada irá substituir o afeto e a atenção que o consumidor precisa. Então, de fato, não irei contribuir com a jornada processual do nosso serviço, mas novamente com o ativo mais importante da nossa empresa: as pessoas.

O tempo de aprendizado e de distração, durante os primeiros anos como *fazedora humana,* me fizeram fazer a marca e sua identidade, mas não me fizeram Viver Sendo a marca, uma distância enorme e ainda bem confortável para tudo e sobre tudo o que me transformei.

Os especialistas em Gente são os que estão prontos para humanizar uma marca, com conexões reais, a ponto do seu cliente se identificar com ele e estabelecer uma relação de intimidade.

Mas antes que a palavra *intimidade* possa ser mal interpretada, acho relevante lembrar que somos humanos, que trabalhamos e nos relacionamos com outros humanos, então, aqui os dois primeiros capítulos são importantes para o seu primeiro posicionamento, caso contrário, o modo *fazedor humano*, não lhe permitirá aquecer qualquer tipo de realidade, nem se for a realidade de estrategista ou planejador das ações sem contato direto; nenhum método, técnica ou fórmula para aquecer um coração frio, porque preço e produto não são os pontos de maiores relevância. O cliente se importa com você, após o vínculo gerado com a sua marca.

Os frutos vão chegar, mediante essa nutrição humana. Apenas um cuidado aqui, a impressão de que tenho é que até o termo humanização está se tornando um padrão, infelizmente robótico; Pessoas certas no lugar errado, obrigadas por meio de sacrifício a forçar a entonação, imposta pelo modelo de cultura. Penso onde vamos parar, com tamanho desequilíbrio. Humanizar a marca é muito mais do que Fazer, é falar de pessoa para pessoa, com sinceridade, com emoção, expondo, sim, nossos medos e desejos, por que não?

Para Marlene Mendes, a humanização é esquecer que somos empresas e mentes apenas pensantes, e dialogar com o coração. Importante trazer que, nesta época, podemos escutar em velocidade 2 no celular, usar ChatGPT, cloud, Chatbots como ferramentas que vieram para ficar, e que não existiam na época que minha mãe era vendedora.

Também acho relevante dizer que agilidade é um dos maiores pedidos do tempo atual. Meio a tantos *fazedores humanos,* Ser humano e atender com a agilidade de um Robô acaba sendo uma arte. Como fizemos com a possibilidade de um simples emoji traduzir os desejos de quem pretende falar com o coração.

Quero deixar aqui uma reflexão. Assim como eu que elejo Marlene Mendes como a melhor vendedora que conheço, imagina você pensando no melhor vendedor que já lhe atendeu ou aquele que você conhece:

1. Assim como ela, existe espera, existe preferência de clientes, devido ao entusiasmo e paixão?

2. Não são vistos como vendedores que querem apenas ganhar dinheiro, mas aqueles que querem fazer a diferença na vida do cliente.

3. Uma corrente de indicação provém do próprio engajamento da rede desses clientes.

4. O foco da venda é relacional, sem pressa ou pressão para fechar uma venda, ela acontece naturalmente.

Já pensou que, antes de ser um vendedor, você é um influenciador?

Minha mãe, se vendesse uma geladeira ou ferro de passar, teria a mesma intensidade e o mesmo amor, afinal, não era sobre a comissão, era sobre o bem que aquele produto ia gerar em forma de felicidade. Traduzir a simplicidade dessa mulher que se superou como melhor vendedora, muitas vezes, em meio a tantos prêmios de reconhecimento e excelente mãe e esposa, essa mulher foi a melhor vendedora que tivemos no grupo.

Fundadora e empreendedora mão na massa, superou tudo aquilo em que acredito; sua fé inabalável e pronta para servir nesse tempo, como o seu maior segredo, e quero contar aqui a expressão de quem vendeu geladeira, ferro, máquina de lavar e tratamentos odontológicos, e quero ir mais além, não foi só minha influência, foi minha referência.

Agora é a sua vez!

Por aqui, chegamos a

240 dias

Resultado: Um novo começo

O**brigada por ter chegado até aqui**, sei que a razão foi o amor, disso eu tenho certeza, porque aqui eu falo de amor. Que lindo foi ter traduzido a minha história em amor. Se eu soubesse, lá no começo, naquele primeiro tempo, eu teria apenas permanecido em fé, mas hoje verdadeiramente sei que era um segredo que ninguém poderia ter me contado.

Eu precisava do processo como minha maior e melhor graduação para entender, compreender e aprender, que estaria apta e digna para SER uma mulher pronta para produzir frutos de transformação e da multiplicação.

A dor do processo me ensinou e vai te ensinar, que antes de exercer seu chamado como líder empreendedora e empresária, Deus vai lhe chamar para exercer sua vida. Antes de qualquer realização, virá a transformação.

Os comportamentos sábios vão te colocar em um ciclo virtuoso, e o reflexo dessas escolhas vão lhe trazer um valor inestimável e de resultados incríveis no seu casamento, com seus filhos, na casa (família) e nos seus negócios.

Solte seus medos e sua ansiedade, caminhe sentindo os bons ventos, explore, sonhe, vá a lugares nunca imaginados! Almeje ganhar, mas antes decida sonhar e pagar o preço que for, para liderar aquilo que Deus lhe confiou.

Meu maior agradecimento a Deus, por ter me encorajado a viver em obediência e, acima de tudo, pela maior orientação em guardar meu coração. Era Nele que morava a maior fonte, era Nele que estava o princípio da sabedoria, era Nele que estava a força do impossível. A clareza vinda da minha parte, a boa obra estava em mim, meu comportamento pessoal e empresarial fez com que ocorressem e superabundassem as bênçãos e conquistas. No ano 2024, a expansão superou nossas expectativas, conseguimos atingir o princípio mais almejado de ação de graça, sobre a nossa fidelidade:

"Mais bem-aventurada coisa é dar do que receber."

(Atos 20:35)

Receba como um ato de amor essa verdade:

Antes de abençoar empresas, Deus abençoa pessoas.
Antes de mudar situações financeiras, Deus muda corações.
Antes de conceder alegria pelo sucesso econômico, Deus deseja dar paz interior que vem ao estar em paz com Ele, com você mesmo e com seus semelhantes.
Antes de visitar seu negócio, Deus quer visitá-lo.

Essa estratégia nunca irá vir contra a vontade humana, por esse motivo, não pode entrar no coração, se não for convidada para entrar.

Hoje, a melhor vendedora do mundo não está mais ao meu lado. 2022 marcou a minha história com a sua partida, então, não poderia deixar de dedicar esta obra para ela em amor, afinal, ela me deixou a maior e melhor herança, me deixou o princípio e o fruto do amor, e hoje entendo que o amor cura!

Se hoje, assim como foi para mim, se você estiver passando por uma crise familiar, econômica ou profissional e quiser mudar esta realidade, a primeira coisa que deve fazer é falar com Deus e convidá-Lo para que Ele assuma o controle da sua vida, de sua família e do seu negócio. Você precisa saber que Ele está atento às suas necessidades e que quer iniciar uma relação íntima com você.

Persistir foi o segredo de Ser para Ter.

Acredite, vai valer a pena!

Ser Crescer Fazer Ter